マウス禁止！

たった1秒のパソコン仕事術

中山真敬
Masataka Nakayama

宝島社

登録商標について

本書で使用したソフトウェアの表記について

Microsoft Internet Explorer　→「インターネットエクスプローラー」
Microsoft Word　→「ワード」
Microsoft Excel　→「エクセル」
Microsoft PowerPoint　→「パワポ」
Microsoft Outlook　→「アウトルック」
Microsoft IME　→「IME」

本書で使用したおもなソフトウェアのバージョンについて

Windows10 Pro　バージョン1607（64Bit）
Microsoft Edge 38.14393.0.0
Microsoft InternetExplorer11
Microsoft Word2010、2016
Microsoft Excel2010、2016
Microsoft PowerPoint2010、2016
Microsoft Outlook2010

※本書で紹介した操作方法は、ソフトウェアのバージョンやアップデートなどにより、使えない可能性もあります。ご了承ください。

「仕事ができる人ほどマウスを使わない」と言い続けて10年以上が経ちました

この本は、パソコン、特に「Windows10」を、効率よく使えるようにする本です。この本をマスターすれば、昨日まで３日や４日かかっていた仕事が、わずか数時間、場合によっては１時間足らずで終えられるようになるかもしれません。

というのも、ご存じの方も多くいらっしゃるでしょうが、2020年１月14日をもって、「Windows7」のサポート期間が終了しました。サポートが終了してはさすがに困りますので、これを機会に「Windows10」に乗り換えようという方もいらっしゃるのではないかと思います。

すると、どういうことが起こるのか――。

まず１つ目に、「どうも見慣れないパソコンの画面に違和感を覚えてしまう」という困ったことが起こります。しかし、これはこれで仕方がないことです。

そして２つ目に、「設定を変えるにはコントロールパネルからのはずだが、どこにあったっけ……」という、操作上の「困った」が起こります。見慣れない画面から探すのに、大変な苦労が予想されます。

私自身も、過去にこうした経験はよくある話。しかし、その被害は最小限度に収まっています。

なぜか？

答えは簡単。操作画面のどのボタンをクリックしなければならないかがわからなくても、ショートカットキーを使えばたった1秒、いや0.1秒で用件がすんでしまうからなのです。

パソコンは道具にすぎません。

本気で取り組めば、半年で達人級に効率よく使いこなせるようになります。近年、スマホの普及で、若い世代のパソコン力が全体的に落ちていますから、これはみなさんにとって、ライバルと差をつける大きなチャンスです。

本書を通じてみなさんがパソコン力を高め、幸せなビジネスライフを送れるようになること、さらには、ホワイトカラーの生産性が低いと言われ続けてきた日本が、仕事の効率・生産性を上げて復活してほしいというのが、私の願いなのです。

私はもともと“パソコンの人”ではありませんでした。

父が新しモノ好きで、パソコンがマイコンと言われていた高校生の頃から触るようになったので、パソコン歴こそ40年近くありますが、大学卒業から今に至るまで、もっぱらビジネスパーソンとして仕事をしてきました。

かつての上司に半ば騙されるかたちで“パソコン誌”の編集に携わるようになり、それが縁で「パソコン術のプロ」という肩書がそこから加わりました。

私は今でこそ、「趣味的にＩＴに詳しい人は多いが、ビジネスとＩＴの両方がわかる人はほとんどいない」ということで存在価値を認められていますが、つまりは、実際にどういう場面でパソコン作業にてこずっているのか、面倒と感じているのかといった、実務に即したパソコンの効率的な操作方法を知っているというのが強みなのです。

2008年4月、私は、『たった３秒のパソコン術』（三笠書房 知的生きかた文庫）というショートカットキーなどのテクニックを紹介する本を書き、おかげさまで70万部超のベストセラーとなりました。

当時、ショートカットキーは中上級者向けとされ、初心者向けに書かれた本はありませんでした。しかし、それ以降、類似本が多数出され、今ではショートカットキーという言葉を聞いたことがないという人は、ほとんどいなくなってしまったと思います。

同書の前書きの１文目に、「仕事ができる人ほどマウスを使わない」と書きましたが、その後、これとほぼ同じ文言をサブタイトルにした本が出されるくらい、これは今なお真理です。

いや、パソコン力が低下している今だからこそ、改めてこのことを発信する必要が高まっていると考え、本書を執筆いたしました。

最大の特長は、仕事で、即使える、役に立つ実践的なものであるということです。

本書は体系書ではありません。私の仕事の現場感覚から、使える頻度の高い、役に立つテクニックを厳選して掲載しました。特にマウスを使うことが当たり前になっている方々には、目からウロコのテクニックがきっと見つかるのではないかと思います。

断っておきますが、この本で紹介しているすべての項目を、貪欲に覚える必要などまったくありません。気に入ったテクニック、すぐ役に立ちそうなワザを覚えれば、覚えた数に比例して仕事の効率がアップするからです。

知っていると知らないでは大違い——仕事の効率はちょっとした効率化の積み重ねです。

他人がてこずっている仕事を、効率ワザで一瞬にして片づけてしまえば、優越感に浸れるのではないかと思います。何より、すぅっと胸のつかえが取れた気がするのではないでしょうか。

あなたも、本書で面倒な作業を効率よく片づけて、より多くの成果を上げてください。

2020年1月

中山真敬

マウスを使わなければ、
生産性は10倍、いや、100倍以上にもなる！

結局、仕事の９割はパソコン――。

ビジネスパーソンなら、１日としてパソコンにさわらない日はないと思います。情報収集から、メールチェック、書類の作成、データ集計……と、大半の仕事はパソコンです。

パソコンが故障して使えなくなった場面を想像すれば、きっとわかるはずです。「パソコンのない世界なんて考えられない」ということを。

実際、たった１日でもパソコンのない生活を送れば、「まるで仕事にならなかった」という経験をする人は多いに違いありません。いまや、**デスクワークはパソコンを中心に回っている**と言っていいと思います。

ただし、すべての人がパソコンで仕事をしている時代でも、それぞれが出す作業成果は人によってかなり差があるのではないでしょうか？

ラクしてスピーディー、かつ仕上がりも完璧な人がいる一方で、**人一倍苦労して時間をかけても、仕上がりまでイマイチ**な人もいる。むしろ、苦労すればするだけ、結果が出ない時代と言ってもかまわないと思います。

極言すれば、**結果が出ない原因は、マウスを使っているから**かもしれません！

マウスを使っているからこそ、どうもモタモタしてしまい、生

産性が上がらない。しかも正確さに欠けてしまうのです。

そりゃあそうでしょう。

例えば、エクセルで、1行挿入したいと思ったとします。

通常なら、マウスで範囲指定し、さらに右クリックして右クリックメニューから「挿入」を選ぶでしょう。すると、「セルの挿入」という選択画面が表れ、「右方向にシフト」「下方向にシフト」「行全体」「列全体」の中の適当なものにチェックを入れなくてはなりません。

マウスは本来、細かく正確な作業が苦手なもの――このことは、ご理解いただける方が多いのではないでしょうか。

挿入は、画面を見ながら、1行、2行分の動きを、かなり正確にやらなければなりません。これだけでも、十分にイライラさせられるはずです。一般的に挿入は、マウスを使用すると、時間にして通常5秒前後かかりますから、いかにも非効率的です。

ところが、「Ctrl」キーとテンキーの「+」ボタンをクリックすると……これで「挿入」と同じ効果が得られます。そして、方向キー→「Enter」キーを押せば、マウスを使わず1秒足らずで仕事が済んでしまうのです。

こうした例は、ほかにもたくさんあります。

例えば、ワードで文書を作成し、印刷してみたいとなったらどうでしょう。

通常なら、リボンの「ファイル」タブをクリックし、画面の下のほうに表示される「印刷」メニューをクリックするはず。しかも、スクロールの手間がかなりの分量なので、相当大変な思いをすることでしょう。

しかし、これがショートカットキーなら、「Ctrl」キー＋「P」で一瞬。「P」は、「プリント」の頭文字だとわかってしまえば、すぐに覚えられるはずです。

しかもマウスの操作は一切不要。「印刷」ボタンをクリックする代わりに「Enter」キーを押せばよいのですから。

その差は歴然たるものがあります。

パソコン作業は、いかにマウスを使わずに済ませるかがポイントです。

マウスを一切使わなければ、生産性は10倍、いや、100倍以上にもなる、というのが私の持論。言い換えれば、マウスが故障して使えないとしても、**「キーボードだけで何とかなる」**ものなのです。

本書は、マウスを使わずに、キーボードだけで操作することで、「いかに生産性を高めるか」を最大のテーマとした実用書です。

なお、本書では、**ラクして結果を出すための5つの工夫**が用意してあります。

まず、①たくさんあるパソコン活用術の中から**「得するテクニック」だけを厳選**。そして、マニュアル本のような単なる操作法の説明でなく、ビジネスの視点からラクして結果が出る理由を解説し、②その**理由に納得できる**ようにしました。

さらに、頭で理解するのでなく、図解を入れることで、③**ビジュアルでイメージできる**ようになっています。

そして、具体例——。

すなわち、④どのような場面で使えば、どんなメリットがあるかがイメージできるようにしました。

すると、あるテクニックを、**どのような場面で使えばよいかがわかる**ようになってきます。つまり、⑤**「今日、すぐ使える」**のです。言い換えれば、**「すぐに結果が出る即効性がある」**、ということにほかなりません。

まずは論より証拠。

——最低でも１日１つ、「！」を実感してみてください。

目次

1章 マウスを使わない 快速キーボード基本操作

2章 マウスを使わない快速エクセル術

3章 マウスを使わない快速ワード術

4章 メール、Web、パワポでもなんでも快速化！

5章 パソコンの基本設定を見直して快速化！

6章 マウスを活用するのはこんなとき！

パソコン「画面」の基本

基本となるパソコンの画面が「デスクトップ」。アプリを立ち上げるなどの操作を行う場合にはメニュー画面を表示する。まずは各部の名称を覚えよう。

アイコン

ファイルやフォルダーなどを、わかりやすいように絵にして表示したもの。

ごみ箱

ファイルやフォルダーをここに移動することで削除できる。

フォルダー

複数のファイルなどを収納する整理用の入れ物。

ファイル

書類。データを管理する最小単位。

「スタート」ボタン

クリックすると、Windowsのメニュー画面が表示され、終了や再起動、設定、アプリの起動が行える。

リボン・ツールバー

各種機能を使う場合、クリックするのが「ツールボタン」。ツールボタンがズラリと並んだ部分を「ツールバー」と呼ぶ。ワード、エクセルではツールバーをタブで切り替えることができるが、これを「リボン」と呼ぶ。

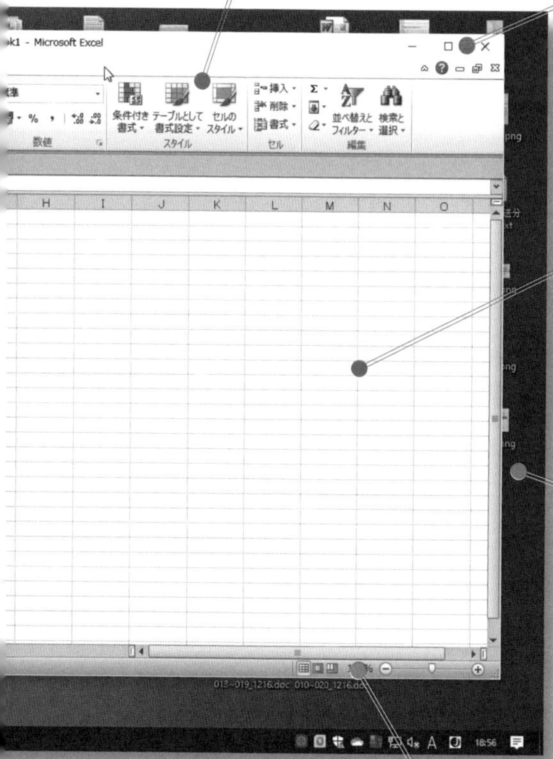

ウィンドウバー

ウィンドウの上部の棒状の部分。ここをクリックしたまま動かせば、ウィンドウの場所を移動できる。

ウィンドウ

ファイルなどを開いて表示したもの。窓の形に似ていることからこう呼ぶ。

デスクトップ

パソコンの画面全体を「机の上」に見立ててこう呼ぶ。

タスクバー

開いているウィンドウを示したり、よく使うアプリを登録しクリック1つで立ち上げられるようにする。

ステータスバー

ウィンドウの最下部の棒状の部分。表示倍率などウィンドウの状態が示される。

パソコン「キーボード」の基本

キーボードには、デスクトップパソコン用とノートパソコン用がある。デスクトップパソコン用は使い勝手重視。打ちやすいようキーが大きめで、[Shift][Ctrl] などが左右両方にあるものが多い。また、数字入力用に電卓のようなテンキーもある。ノートパソコン用はコンパクトさを重視。[Home][End] などを、ノートパソコン独自の [Fn] キーといっしょに押すことで別のキーに割り当て、キーの数を減らしてある。

デスクトップパソコン用「JISキーボード」

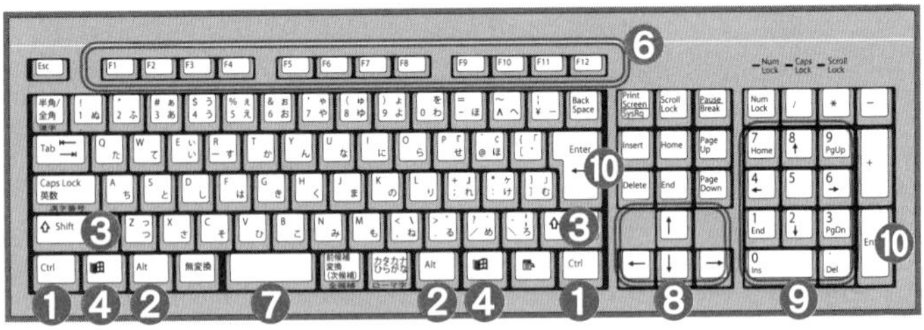

ノートパソコン用

「よく使うキー」について

❶ コントロールキー

Ctrl

パソコンの機能を操る(コントロールする)キー。「1秒パソコン仕事術」の主役となるキーだ。

❷ オルタネート(オルト)キー

Alt

「オルタネート(Alternate)」とは「交替する」「互い違い」の意味。つまり、[Alt]は、文字の入力をワザに切り替えるキーということだ。

❸ シフトキー

Shift

「シフト(Shift)」は「位置を移動する」の意味。キーに書かれた他の文字を入力したり、大文字／小文字を切り替えたりする。

❹ ウィンドウズキー

Windowsのシンボルマークが描かれたキー。Windowsを便利に操作するためのテクニックに使う。

❺ ファンクションキー

Fn

ノートパソコン独自のキーで、[Home][End]などキーに青字で書かれている機能を使いたいときにいっしょに押す。

❻ 12個のファンクションキー

F1 ～ F12

デスクトップ、ノート共通でワザ専用の12個のキーがある。割り当てられた機能はアプリによってさまざまだ。

❼ スペースキー

基本は空白1文字の入力。キーボードで唯一、何も書かれていないキー。一番押しやすい場所にあるので、多くのテクニックに使われる。

❽ 方向キー

↑ ← ↓ →

カーソルを移動したり、範囲指定を変えるのに使う。カーソルキー、矢印キーともいう。

❾ テンキー

7	8	9
4	5	6
1	2	3
0		

0～9の10個の数字の入力用キー。ノートパソコンには、[Num LK(ナンバーロック)]を押して別のキーで代用するものもある。

❿ エンターキー

Enter ↵

「エンター(Enter)」は「入れる」の意味。入力を確定するキー。「決定」「変換の確定」「改行」などを行う。

1
章

マウスを使わない
快速キーボード
基本操作

パソコンを操作するとき、一番の時間ロスにつながる元凶がマウス操作。いちいちキーボード上の手をマウスに持ち替え、慣れないマウスを使って上下しなくてはなりません。それで右クリックメニューなど、細かいメニューを正確に選んでクリックしなければならないのですから、よほどマウスに慣れている人でないと、面倒に感じられることでしょう。

そこで、真っ先に効率化を考える上で思いつくのがキーボードです。

例えば、Windowsメニューを表示したい場合。

通常なら画面左下にある「スタート」ボタンをクリックするでしょうが、そんなことをしなくても、「Windows」キーボタンを押せば、0.1秒でWindowsメニューを表示することができるのです。わざわざ手をマウスに移す手間もなくストレスフリーの爽快さです。

スピードアップ第一のカギ、キーボード基本講座をさっそく見ていくことにしましょう。

「Ctrl」キーや「Shift」キーをラクに使えるホームポジション

ショートカットキーの最大の特長は、文字をキー入力しているままの状態で、文字の大きさを変えたり、太字にしたりといった操作をスピーディーに行えることです。**キーボードとマウスの間で手を行ったり来たりさせる必要がないから、快適＆効率的にパソコンを操作できる**わけです。

したがって、通常の文字入力と同様に、**手をホームポジションからなるべく動かさない**ことが重要です。

つまり、指づかいしだいで、ショートカットキーの威力は大きく変わってしまうのです。

このことを思い知らされたのが、拙著『たった３秒のパソコン術』（三笠書房 知的生きかた文庫）の執筆中でした。

この本では、テクニックごとにショートカットキーを押す指づかいを説明してあります。そのきっかけは、編集者との打ち合わせのときでした。打ち合わせ中にパソコンを操作し、コピーのショートカットキー「Ctrl」キー＋「C」を押すと、編集者が驚きの声を上げたのです。

「え、それって片手で押すんですか？」

彼は両手の人差し指で「Ctrl」キーと「C」を押しているとのこと。それで指づかいも説明したほうがいい、ということになりましたが、これは私にとって大きな発見でした。

それ以来、他人のショートカットキーを押す指づかいを注意し

ホームポジションを起点に指づかいを考える

Point
要は文字入力の延長！ 文字入力自体のスピードが上がる

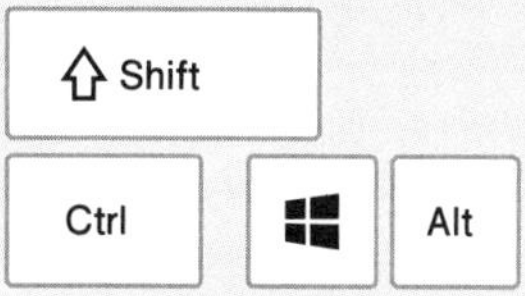

キーを押す指の基本は、左手の小指

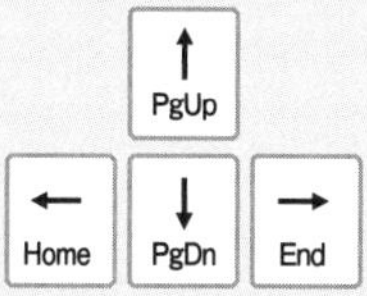

右手の人差し指、中指、薬指をそれぞれ「←」「↓」「→」の上にのせる。ホームポジションに戻すときは、左手をたよりにする

て見るようになったのですが、彼同様、両手の人差し指で２つのキーを押す人が少なくありません。中には、「同時に押す」を厳しく受け止めて、２つのキーを目で確認して指をキーの上に構え、「せいの！」で本当に同時に押している人まで――これでは、せっかくのショートカットキーも威力半減です。

「Ctrl」「Shift」キーは、キーボードのちょうど左下。つまり、目をつぶっていても左手の小指で押すことができます。文字の入力を行う延長で、左手の小指で「Ctrl」キー、中指で「C」を押せばよいのです。

また順番としては、「Ctrl」キーだけを押しても何も起こりません。まず「Ctrl」キーを押して、押したままにして「C」も押す、ということで十分なのです。

ショートカットキーを覚える際は、**ホームポジションを起点に、どんな指づかいで押せばよいかを考えることが大切**。正しい指づかいでショートカットキーを使えば、その効率の高さにきっと満足できるはずです。

文書保存は「Ctrl」+「S」で一瞬

パソコンでは、まめに保存しておくようアドバイスされることが多いと思います。そして実際、文書の作成中に**突然フリーズしたり、予期せぬエラーとやらで、強制終了**したりすることがありがち。理屈ではなく、文書作成中まめに保存を行うのが鉄則です。

文書作成中は、考えたり、コーヒーを飲んだりして手を休めることがけっこうあるもの。そんなときは、休憩の合間に、「Ctrl」キー+「S」。立ち止まったら、その時間を利用して**「Ctrl」キー+「S」**です。

もちろん、これは「保存」のショートカットキー。「S」は「セーブ」の頭文字です。すなわち、キーボードの左下に「Ctrl」キーがあるので、左手の小指を伸ばして「Ctrl」キーを押し、そのままの状態で左手の中指でその右上の「S」を押す。

キーボードから手を離すときの手グセにしてしまえば、ほとんど意識せず、文書の保存ができます。トラブルに巻き込まれにくくなり、落ち込んで時間を無駄にすることがなくなります。

Point

フリーズ、アプリの強制終了に備えられる

「Ctrl」キー + 「S」 = 文書を保存する

左手の小指で「Ctrl」キー、中指で「S」を押すのを、キーボードから手を離すときの手グセにしてしまうべし

入力欄の移動は「Tab」キーで一瞬！

Webの会員登録の入力フォーム、メールの宛先欄・件名・本文、パソコンの設定・操作画面など、別々の入力欄に続けて入力を行うことがよくあります。いちいちマウスとキーボードの手を切り替えなくてはならないこの操作、面倒でない人はまずいないでしょう。**手がキーボードとマウス間を行ったり来たりしなくてはならないからです。**

しかし、この面倒な入力欄の移動という操作が、一気に簡単になる「魔法のキー」があります。

それが、「Tab」キー。

1つの**入力欄に入力を終え、「Tab」キーを押すと、カーソルは次の入力欄に移動**します。入力フォームなどに入力を行う際、手はずっとキーボードの上。次から次へと入力フォームを埋められるので、入力の速さは、3倍、5倍になります。

しかも、**幅広い場面で使える**ので、覚えるとその効果は絶大なのです。

例えば、ワードで「文字列の置換」を行うとします。「検索する文字列」と「置換後の文字列」という2つの入力欄があります。最初にカーソルがあるのは、「検索する文字列」ですが、「Tab」キーを押すと、「置換後の文字列」にカーソルが移動——**最後に「Enter」キーを押すだけで操作完了**ですから、じつに便利です。

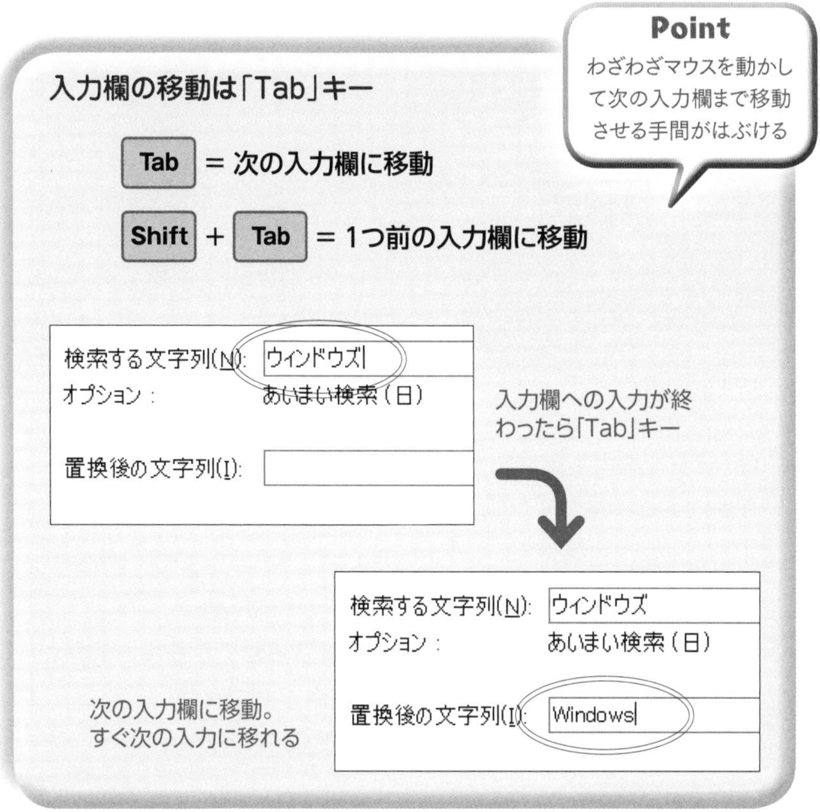

さらに、次の入力欄ではなく、1つ前の入力欄に移動したい場合も。メールの返信を行う場合、カーソルは返信メールの本文に表示されますが、その前に「件名」を変更したい、という場合がよくあります。なんと、**「Shift」キー+「Tab」キーを押せば、1つ前の入力欄に移動できる**のです。

この操作であれば、入力欄の移動にいちいちマウスを使う必要がありません。通常の入力と同じように、次から次へと入力を行うことができるので、入力時間を大幅に短縮できるのです。

行の先頭・末尾への移動も「Home」「End」キーで一瞬！

長い文書やWebを閲覧するとき、スクロールが面倒に感じたことはないでしょうか。

Webなら、ページの一番下に問い合わせのリンクなどがあるし、ページの先頭にもコーナーのボタンなどがあります。Googleの検索結果ページも、検索ボックスはページの先頭で、次のページへ飛ぶボタンはページの最後です。このため、ページの先頭や最後に移動したいことがよくありますが、**いちいちページをスクロールして移動するのは、やはり時間のムダ**です。

そこで用意されている**「先頭＆最後に移動できるキー」が、「Home」キーと「End」キー**。これなら、画面を見ながら、マウスでスクロールして確認、という手間がずいぶん省けます。

Webの閲覧なら、インターネットエクスプローラーでも、エッジでも、Google ChromeでＯＫ。どのブラウザでも「Home」「End」キーでページの先頭・最後に移動できます。

このほか、PDF文書を表示するアクロバットリーダーなども同様に「先頭」「最後」に移動できます。これを知っているだけで、ページをスクロールする手間が一気になくなり、大幅に効率がアップします。

ただし、**ワードとエクセルだけは例外です。**

すなわち、**ワード、エクセルは、「Home」キーを押すと行の先頭に、「End」キーを押すと行の最後**に、それぞれカーソルが

「Home」「End」キーで先頭・最後に移動できる

Point
スクロールの手間が、わずか0.1秒！

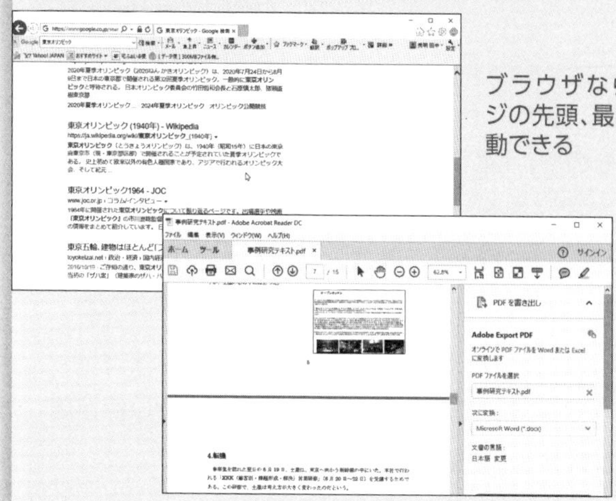

ブラウザならページの先頭、最後に移動できる

PDF文書なら、文書の先頭、最後に移動できる

ワード、エクセルでは行の先頭、最後に移動

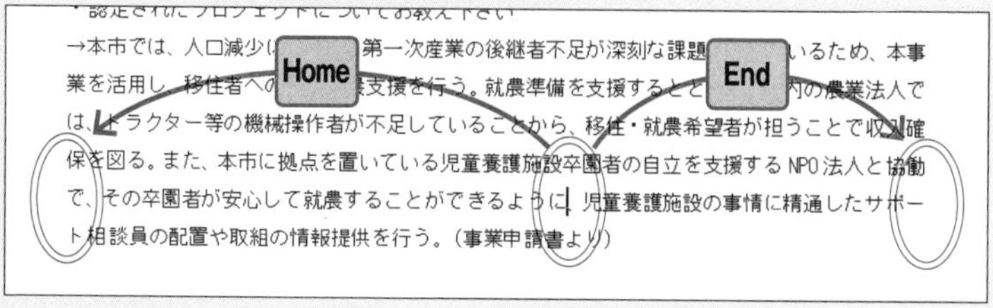

移動するようになっています。

解決策がないわけではないのですが、まずは、「Home」キーと「End」キー。これを指になじませ、自然と使えるようになってください。その手間は、たったの0.1秒なのですから。

例外のワードとエクセルは、癖になった後、次のステップとして裏ワザ的に紹介することにします（118ページ）。

「OK」ボタンを選んでクリックを一瞬ですませる方法

人間は面白いもので、「ボタン」があれば押すものだという先入観があるようです。確かにWindowsの場合、感覚的に操作できるよう、ボタンをクリックさせることがよくあります。「OK」「はい」「いいえ」「キャンセル」「検索」などがその代表格です。

しかし、いちいちマウスに手を移してこれらのボタンをクリックする必要はありません。**「Enter」キーを押せば、青い線が周りについたボタンをクリックすることができる**からです。

そんなこと、当たり前じゃないかと思う人は多いでしょう。しかし、このやり方なら、コンマ数秒で終わってしまう操作なのに、いちいちマウスでクリックしている人はかなりいます。

ログインに始まって、文書の保存、検索……。これって、時間と労力のムダ以外の何物でもないと思うのは、私だけでしょうか。そういう人に「Enter」キーのことを教えても、**「うるさいな。確実にやりたいから、これでいいんだ」と反論**します。確かに、私なども、反射的に「Enter」キーを押す癖がついているので、間違って上書き保存してしまうことがたまにありました。しかし、何度か「痛い目」にあうと、今度は、反射的に押すのではなく、「大丈夫かな」と立ち止まって考える習慣がつきます。また、ミスしないように、デスクトップ上にファイルを複製してから開くとか、開いた直後に「別名で保存」を行うようになりました。**細かい操作が苦手なマウスを使うのは、いかがなものか**と思うのです。

ボタンは「Enter」キーで押す

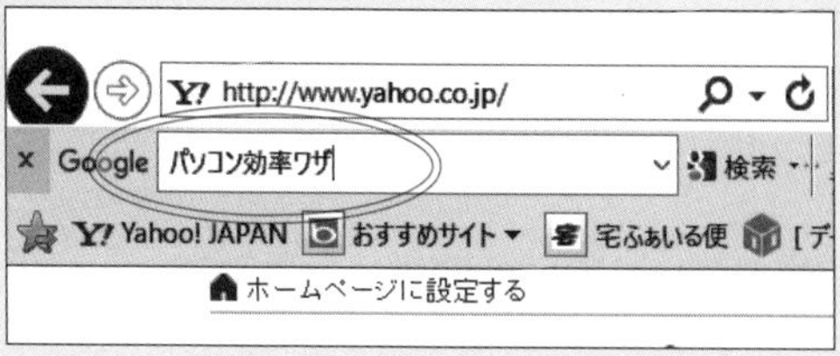

「はい」「保存」などのボタンのほか、
キーワード入力後の検索も Enter でできる

Point
マウスで数秒かかる操作がコンマ数秒でできてしまう

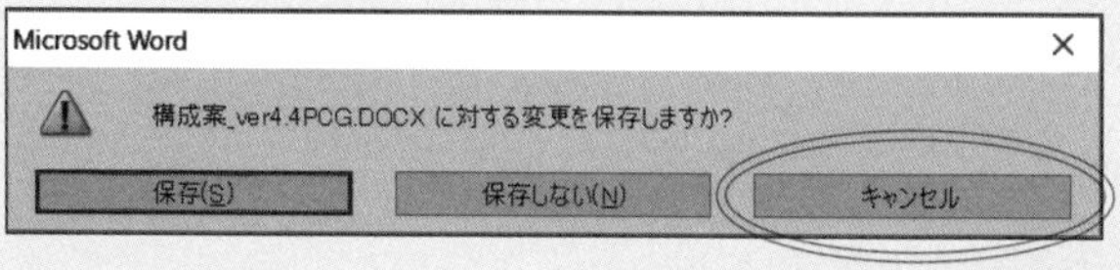

「キャンセル」ボタン ＝ Esc

同様のことが、ファイルやフォルダーを開く場合についても言えます。**ファイルやフォルダーを選択したら、「Enter」キー。これで一瞬で、しかも確実に開くことができます。**ダブルクリックは、焦っているときなど、パソコンがダブルクリックと認識してくれず、反応しないことがよくあります。また、アプリが重い場合など、「反応していないのかな」と不安になって、二重、三重に開いてしまうこともあります。

なるべく「Enter」キーですませる習慣が身につくと時間はわずか 0.1 秒。それだけでパソコン操作の効率が大幅にアップするのです。

入力ミスを一瞬で取り消しにできる「Esc」キー

入力作業で、**最も時間を取られているのが、入力ミス**をしたときではないでしょうか。つまり、指の位置がホームポジションと違う場所にあって、全然違う文字を入力してしまったような場合です。こんなとき、いちいち「BackSpace」キーや「Delete」キーを何回も押して1字ずつ消去するなど、時間のムダでしかありません。

こんなとき、「Enter」キーで変換を確定する前なら、「Esc」キーを押してみましょう。すると、下線の付いた**変換中の文字を一発で消してしまうことができる**のです。

「Esc」キーなら離れた場所にあるので、目で確認するのも一瞬。場所を確認した後、さっと指1本で押すことができます。

変換ミスではなく、入力した文字そのものが間違っている場合は、すぐ気づくことが多いですから、**「入力し間違えた」と気づいたら、「Esc」キー**を押す——これで、文字入力の効率が大幅にアップします。

さらに、それだけではありません。

「名前を付けて保存」など、間違えた操作をして違う画面が表示されたときもそう。いちいちマウスに持ち替えて「×」印をクリックしなくても、「Esc」キー一発で、画面を取り消すことができる——これは便利です。

ただ、手の癖で、入力したらすぐ「Enter」キーで確定してし

Point
何度もキーを押さなくてもキー操作一発ですんでしまう

確定前の入力した文字は、「Esc」キーで取り消せる

入力ミスは Esc で取り消せる

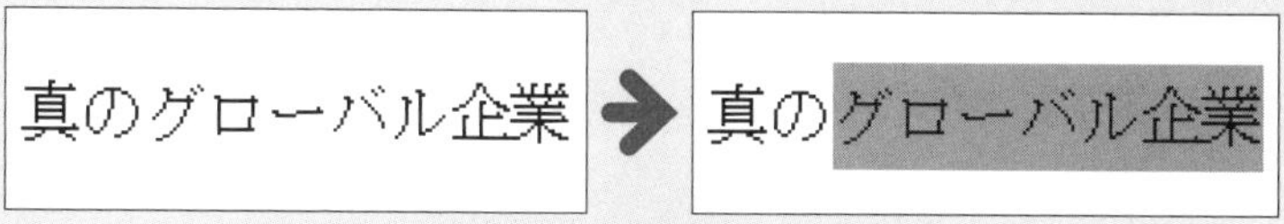

単語単位の範囲指定は Shift + Ctrl + ←

※図は「←」キーを2回押して、「企業」「グローバル」を範囲指定したもの

まう人もいると思います。そんな人に役立つテクニックが、**「Ctrl」キー+「←」キー**という操作。

これを行うと、カーソルの位置が1単語分前に来ます。2回押したら2単語分ということです。これを利用して、「Ctrl」キー+「←」キーと一緒に、「Shift」キーを押すと範囲指定ができますから、複数の単語を同時に選択できます。つまり、**効率よく範囲指定して最後に「Delete」キーか「BackSpace」キー**を押せば効率よく間違った部分を消去できるのです。

カタカナ、英数字、全角・半角も一瞬変換

　入力中の文字をカタカナや英数文字に変換したい場合、「F7」～「F10」キーを押すと、あっという間にお目当ての文字に変換することができます。
「F7」キーを押すと全角のカタカナに、「F8」キーを押すと半角のカタカナに、「F9」キーを押すと全角の英数文字に、「F10」キーを押すと半角の英数文字に変換できます。

　ちなみに、「F6」キーを押すと全角ひらがなに変換できますが、入力したひらがなを、そのまま「Enter」キーで確定すればすむ話なので、これはほとんど必要ないでしょう。

　ここまでは知っていた人が多いと思います。しかし、「F7」キーと、「F9」「F10」キーには、入力を効率化できる便利な機能があるのです。

　まず、「F7」キーについて。

　日本語の変換で一番やっかいなのは、助詞。「リッツカールトンでは」と変換したいのに、「リッツカールトンデは」と変換されてしまうことがあります（「リッツカールトン」は固有名詞で辞書登録されているようで、こうした変換ミスは過去に変換ミスした場合でもなければ起こりませんが……）。

　こんな場合、「りっつかーるとんでは」と入力して、「F7」キーを押すと、「リッツカールトンデハ」とすべてカタカナに変換されます。もう一度押すと「リッツカールトンデは」と最後がひ

カタカナ、英数は「F7」～「F10」キーが役立つ

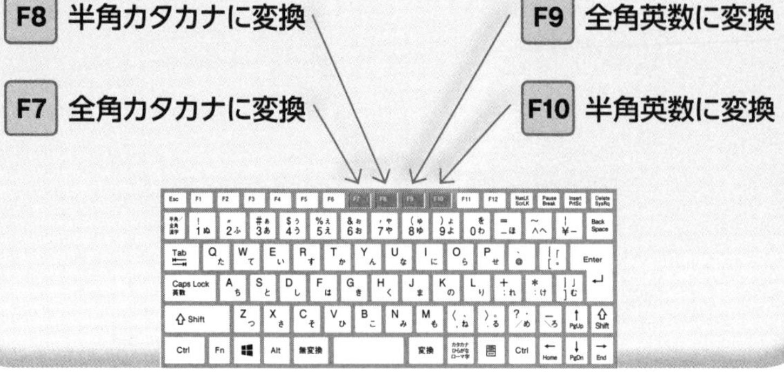

らがなに、もう一度押すと「リッツカールトンでは」。つまり、**「F7」キーを押すと、後ろから１字ずつひらがなに戻してくれる**のです。「F8」キーについては、半角ひらがなというものがないので、この操作は使えません。

また、「F9」「F10」キーは、例えば「ｓｙｓてｍ」と入力して一度押すと、それぞれ「ｓｙｓｔｅｍ」「system」と**すべて小文字**の英数文字に変換されます（大文字入力モードになっている場合は、そのまますべて大文字）。

ここで、もう一度、「F9」「F10」キーを押すと、「ＳＹＳＴＥＭ」「SYSTEM」と**すべて大文字**に変わり、さらにもう一度押すと、「Ｓｙｓｔｅｍ」「System」と、**最初だけが大文字**に変わります。さらにもう一度押すと、最初の「ｓｙｓｔｅｍ」「system」に戻すことができます。

英数文字を入力するとき、いちいちキーボード左上の「半角／全角」キーを押して、入力モードを切り替えるのが面倒に感じら

カタカナ、英数は「F7」～「F10」キーが役立つ

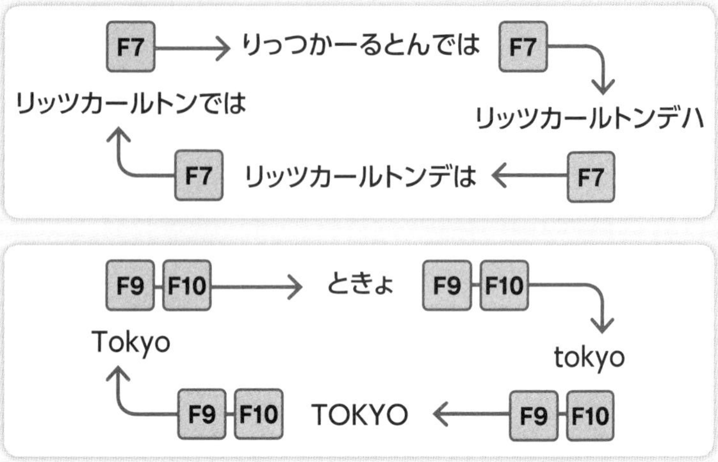

れたことはありませんか。英文の引用など、しばらく英数文字を打ち続ける場合は、ひらがな交じりだと正しく入力できたかわかりづらいので、英数入力モードに切り替えたほうがよいでしょうが、日本語の文中に、「NEC」や「YKK」といった文字を入力するのに、**いちいち入力モードを切り替えるのはやはり面倒**です。

最初だけ大文字の英数文字、例えば「New」と入力したいとき、「Shift」キーを押して大文字の指定を行うと、「NE w」のような入力ミスをすることがやはり増えてしまいます。

また、基本的には、ずっと日本語入力モードのままで入力を行う。英数の単語の最初だけ大文字にする場合でも、「Shift」キーをいちいち押さず、そのまま入力する——これだけで、ずいぶん入力の効率が変わってしまうものなのです。

言語バーの「あ」「A」が表示されなくなったときもキー一発

パソコン画面の右下のタスクトレイには、日本語入力システムの状態が表示されています。「あ」なら日本語のひらがな入力モード、「ア」ならカタカナ入力モード、「A」なら英数入力モードといった感じです（半角、全角あり）。

パソコンを使っていて、この状態の表示が消えてしまい、**「かな」キーを押しても英数入力から日本語入力に切り替わらなくなって、困った**経験はないでしょうか。

この原因は、標準の日本語入力ソフト「MS IME」から「Natural Imput」に、何かのはずみで切り替わったため。よく見ると、「あ」の文字が消え、横に「日本」と表示されているのがわかります。この「日本」をクリックして、日本語入力ソフトを「MS IME」に戻せば元に戻りますが、入力中にわざわざマウスの操作を行うのはやはり面倒。

こんなときは、**「Ctrl」キー＋「Shift」キー**。左手の小指を横に寝かせて、同時に押せば、それで元に戻せます。

「Ctrl」キー＋「Shift」キーで元に戻る

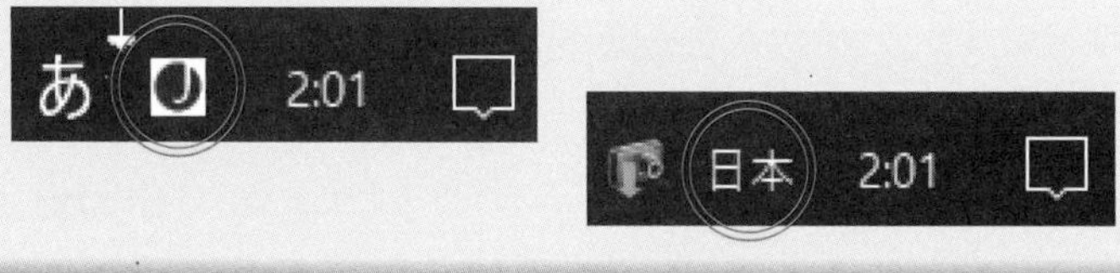

文字の大きさ調整も
マウス要らずで自由自在

　ワードであれエクセルであれ、入力する文字の大きさを自由に変えられます。文書のタイトルを大きくし、文中の見出しを少し大きくする、という手間を加えることで、メリハリのついた文書を作成できる――これは便利です。

　ただ、文字を入力中に、**マウスを使って文字を大きくしたり小さくしたりするのは、かなり面倒**。文字の大きさの変更は、リボンのツールボタンで変更するのが基本なので、入力中でキーボードの上に置いた手を、いちいちマウスに移さなければならないからです。しかも、マウスは細かい正確な操作が苦手。**ポイント数の表示の右側の「▼」ボタンをクリックし、表示される選択肢の中からポイント数を選ぶのは、かなり神経を使いますね。**

　そこで、キーボードから手を動かさず、文字の大きさを自在に変えられる、とっておきの方法が、実はあるのです。この方法だと、そのままキー入力が続けられるので、文字を打つスピードは格段に速くなります。**入力作業を効率よく行うコツは、「ホームポジションを起点に、なるべく手を移動させないこと」**――これしかないのです。

　キー操作で、**文字を大きくする操作は、「Ctrl」キー＋「Shift」キー＋「>」、小さくする操作は、「Ctrl」キー＋「Shift」キー＋「<」**です。

　かなり難しそうに感じますが、**「>」「<」は、「Shift」キー**

Point
文字の大きさを自由自在に変えられる

「Ctrl」+「Shift」+「>」
= 文字をひと回り大きく

「Ctrl」+「Shift」+「<」
= 文字をひと回り小さく

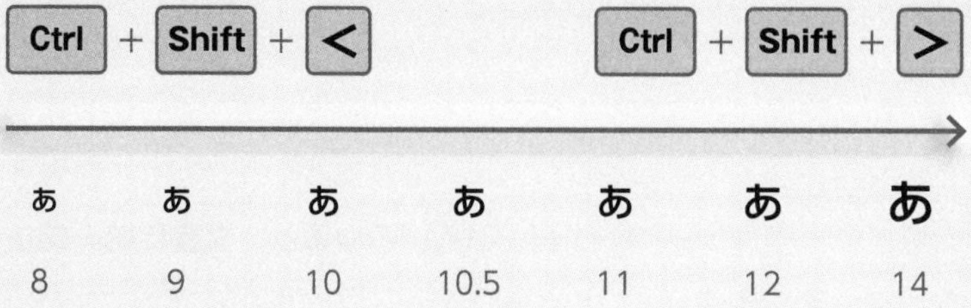

を押しながら入力する文字。本当は、「Shift」キー+「。」で「>」(大なり)、「Shift」キー+「、」で「<」(小なり)ということ。理屈がわかればすぐ覚えられるはずです。これを押すと、ポイント数の候補に表示される値を、1つずつ大きく、小さくすることができます。具体的には、大きくする場合なら、標準の「10.5」から「11」→「12」「14」……、小さくする場合なら、「10.5」から「10」→「9」→「8」……といった具合です。

なお、文字の大きさを1ポイント大きくする「Ctrl」+「]」、1ポイント小さくする「Ctrl」+「[」という操作もありますが、1ポイントずつ変更するのも手間がかかるだけ。こちらの操作は覚える必要はないでしょう。

文字の装飾もマウス禁止！一瞬で目立たせる方法

メリハリのある文書を作成するには、いろいろな方法があります。文字の大きさを変える、文字の色を変える、書体を変えるなどなど。

ただ、文字を目立たせるいろいろなやり方を試したものの、どうも文書がスッキリしない、ということはありませんか。文書を目立たせるのはよいのですが、**いろいろやると、文書に統一感がなくなってしまう**、ということは知っておくとよいでしょう。

メリハリのある文書を作成するには、40ページのテクニックで文字の大きさを変えるほかに、**3種類もあれば十分です。いや、本当のことを言えば、①太字にする、②下線付きにする、の2種類あればいい**。むしろ、これくらいにとどめておいたほうが、文書はスッキリといい感じにまとまります。

しかも、①太字にする、②下線付きにする、はキー操作で簡単に行うことができます。急いで文書を作成しなければならないときでも、いちいちマウスに手を移す必要がないのです。だから、圧倒的に効率よく文書を作成することができます。

まず、**①太字にする方法は、「Ctrl」キー＋「B」**。この「B」は「Bold（太い）」の頭文字です。そして、**②下線付きにする方法は「Ctrl」キー＋「U」**。この「U」は「Underline（下線）」の頭文字であることはすぐわかりますね。

ついでに言うと、**「Ctrl」キー＋「I」を押すと、斜字体（イ**

Point
ほとんど手間をかけずにメリハリのある文書が作れる

文字を目立たせる方法は、3つあれば十分

Ctrl ＋ B ＝ 太字にする

Ctrl ＋ U ＝ 下線付きにする

Ctrl ＋ I ＝ 斜字体にする

タリック）になります。もちろん「I」は「Italic」の頭文字です。ただ、斜字体は文中であまり目立ちません。

これらは、「太字で、下線付きにする」とか、「下線付きで斜字体にする」とか、**組み合わせて使うこともできます**。この操作は、「オン／オフ」の関係なので、例えば、太字になった文字を範囲指定して、「Ctrl」キー＋「B」を押すと、太字を解除して標準の文字に戻ることも知っておいてよいでしょう。

文書作成は、書式を変更したりしてメリハリのある文書にする編集作業に時間がかかるものですが、この方法を知っておけば、ただの文字入力＋ほんの少しの時間で、効率よくできてしまうのです。

標準の書式に一瞬で戻す「Ctrl」+「スペース」

ワードは、何もせずに入力を行うと、入力される書体、大きさがいつも一定です。買ったままの状態なら、「MS 明朝」の「10.5 ポイント」です（リボンの「フォント」の右下のアイコンをクリックすると、「フォント」の設定画面が開き、標準のフォントを変更することはできます）。

文字を目立たせるために、他の書体を使うことはよくあります。あるいは、タイトルや小見出しで、文字の大きさを変えたりとか。普通の文章を入力するため、**マウスでリボンをクリックして、書式やポイント数を元に戻すのは、いかにも面倒**です。場合によっては、標準の書体が「MS 明朝だったか、MS P 明朝だったか」とわからなくなることもあります。そんなときは、標準の書体で入力した部分にカーソルを移動すれば、リボンの表示で確認することができますが、これでは、とても効率がいいとは言えません。

こんなときに、役立つのが、書式を「標準」に戻す操作。

「Ctrl」キー+「スペース」キーがそうです。

この操作は、書式を「標準」に戻したいときに押しても、すでに入力した違う書式の文字を範囲指定して押しても、どちらでもかまいません。前者の方法だと、カーソルのある位置の次から「標準」の書式に変わり、後者の方法だと、範囲指定した部分が「標準」の書式に変わります。

以前、Web のコンテンツを紙のテキストに編集するという仕

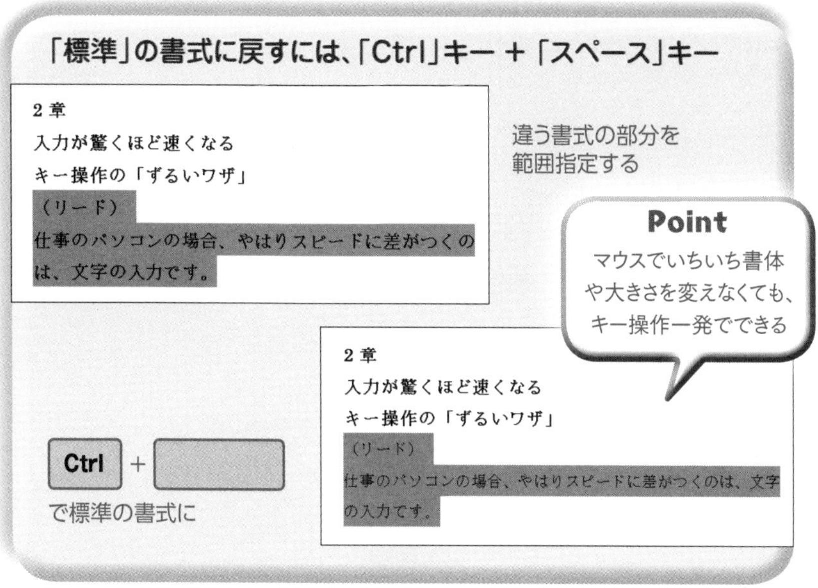

事をしたとき、大いに助けられたものです。その Web コンテンツは、下線付きの箇所や、小さな文字で書かれた注釈などがいくつもありました。要は、いろいろな書式が混在した文章だったわけです。語尾を整えたり、補足説明を入れたりすると、本文とは違う書式で入力されるのでやっかいでした。そうなったときに都度都度書式を変更するのも手間でした。

そこで、私が採った方法は、最初に文章をコピペしたら、**「すべて選択」をして、「Ctrl」キー＋「スペース」キー。これなら一気に「標準」の書式に変えられますから、4 ～ 5 時間かかった作業が半分以下の時間ですんでしまいました。**

これは極端な例ですが、文書作成の時間が大幅に短縮されることは間違いなしです。

変換の区切りを片手で素早く修正する

入力の効率を上げるには、日本語の漢字変換の区切りを素早く変更できることが一番重要です。そして、文節区切りが間違っていて、誤変換してしまったときなど、サッと文節の区切りを修正し、再変換し直すのが圧倒的に効率のいいやり方と言えます。

もちろん、人によって、①文節区切りが間違いのないよう、文を細かく区切って変換する人と、②文章を一気に入力して変換し、後から変換のミスを修正していく人と大きく分かれます。

これは、好みの問題で、どちらがいい悪いということではもちろんありません。ただ、「ちょこっと、文節区切りを直したい」という人にとって、「ちょこっと直せる」臨機応変さが大切。効率のいい変換法を身に付けておく必要があるのです。誤変換したときに、いちいち消去して入力をやり直していたのでは、いくら時間があっても足りません。

いちいち変換ミスを消去して、入力し直さなくても、「変換」キーで再変換できる簡単な方法、それが**「Shift」キー＋方向キー**です。

文節区切りを正しく指定する方法を知らないと、入力のやり直しになってしまう——しかし、変換の文節区切りを修正する方法を知らない人が、意外に多いようです。

「Shift」キー＋方向キーを行うと、変換の対象となる文節が、青色になります、そして、**「Shift」キーを押したまま、方向キ**

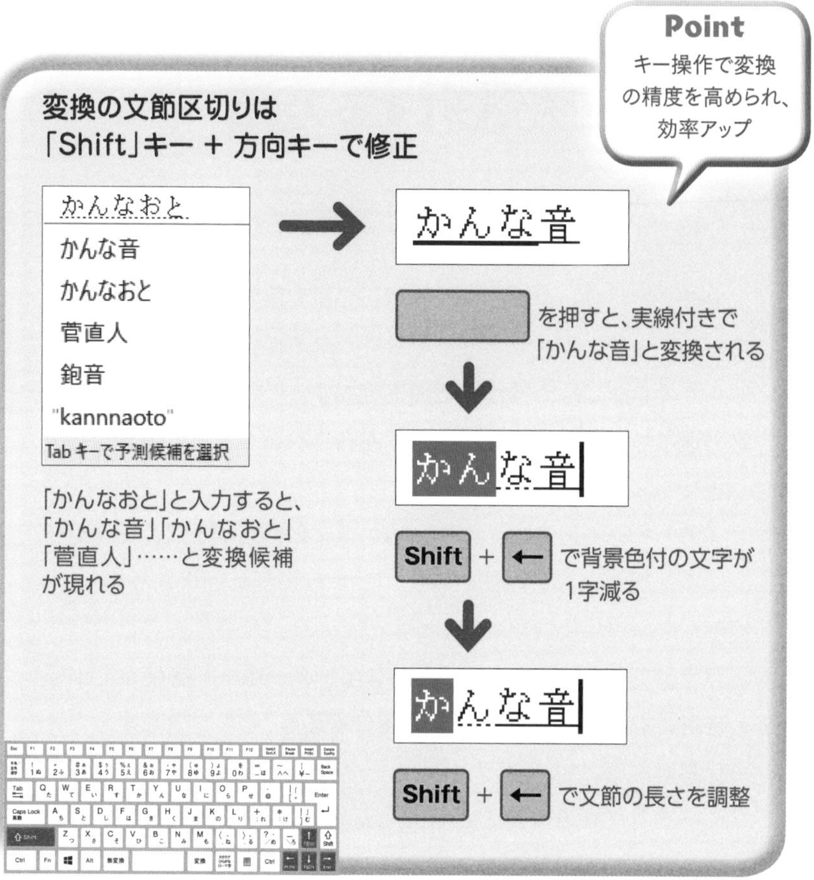

ーを押すことで、範囲指定の長さが変わってきます。

つまり、文節の区切り直しをして、ちょうどよい文節の区切り方になれば、改めて「スペース」キーを押して、再変換すればよいのです。

何となくややこしく感じるかもしれませんが、二、三度試してみて、「なんだ、こういうことか……」という感覚がきっとわかるはず。慣れてしまえば、片手間で素早く変更できるのです。

キーボードだけで素早く範囲を選択する方法

他の文書に書いたことをコピペして再利用する場合、あるいは文中のキーワードを太字にして目立たせる場合など、仕事のパソコンで繰り返し行う操作が範囲指定です。その意味では、**範囲指定の速さしだいで生産性が大きく左右される**と言って過言ではありません。

入力しているときに、いちいちマウスに手を移せば、キーボードに手を戻す往復の時間がムダ。しかも何度も行うことなので、面倒だしムダに使った時間もかなりのものになります。

パソコン操作の鉄則は、**「入力など、キーボードを使っているときは、なるべくキーボードで操作する」**。それを徹底するだけで仕事が一気に加速。

——そこで重要なのが、先ほど紹介した、**「Shift」キー＋方向キー**です。

「Shift」キーは、範囲指定やファイルや図表などの複数選択ができるキー。「Shift」キーを押しながら、「←」キーを押すと、カーソルの位置から、1回押すごとに範囲指定が前に1字ずつ、「→」キーを押すと、1回押すごとに後ろに1字ずつ増やすことができます。もちろん、例えば「Shift」キー＋「→」キーで範囲指定をした際、キーを押しすぎて不要な部分まで選択してしまった場合は、「Shift」キー＋「←」キーで、選択範囲を減らしていくこともできます。また、意外に役立つのが、「Shift」キー＋「↑」

Point
繰り返し行う範囲指定。その時間をほぼゼロに短縮できる

範囲指定しだいで効率は大きく左右される!

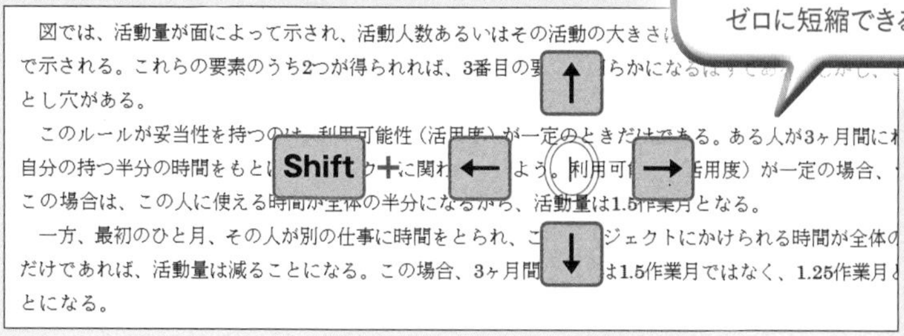
図では、活動量が面によって示され、活動人数あるいはその活動の大きさは
で示される。これらの要素のうち2つが得られれば、3番目の要 … らかになる
とし穴がある。
このルールが妥当性を持つの … 利用可能性（活用度）が一定のときだけである。ある人が3ヶ月間に
自分の持つ半分の時間をもと … に関わ … よう。利用可能 … 活用度）が一定の場合、
この場合は、この人に使える時間が全体の半分になるから、活動量は1.5作業月となる。
一方、最初のひと月、その人が別の仕事に時間をとられ、こ … ジェクトにかけられる時間が全体の
だけであれば、活動量は減ることになる。この場合、3ヶ月間 … は1.5作業月ではなく、1.25作業月
とになる。

「Shift」キー＋「↑」　上に１行分、範囲指定
「Shift」キー＋「↓」　下に１行分、範囲指定
「Shift」キー＋「←」　前に１字分、範囲指定
「Shift」キー＋「→」　後ろに１字分、範囲指定

キーと「Shift」キー＋「↓」キー。これなら、先ほど説明したのと同じ要領で、行の範囲指定が行えるのです。

　単語はせいぜい数文字。箇条書きや短い段落なら１～２行です。「Shift」キーを押したままにして、方向キーを２、３回も押せば、範囲指定がすんでしまいます。時間にして、１秒もかかりません。そんな操作を行うのに、いちいちマウスに手を移すのは、バカげています。生産性向上のカギはムダを省くことが大事。これなど、真っ先に改めるべきです。

　キーボードとマウスの間の手の往復だけで２、３秒。ポインターの移動で１、２秒――これだけで３～５秒。そして、マウスを動かす操作には、下手をすると５秒、10秒かかってしまう。なぜなら、**マウスは細かい操作が苦手だから。たった数文字、数行というほうがかえって時間がかかってしまう**のです。

人名、単漢字は、変換候補を一気に表示する

キーの入力をいくら速くしても、日本語の文字入力はやはり時間がかかってしまいます。そう、漢字変換という作業に意外に時間がかかってしまうからです。

特に、時間がかかるのが「課」「機」「違」……といった単漢字と「浩司」「光司」「幸治」……といった人の名前。**変換の候補が山のようにある**ので、漢字を画面に表示するだけでも大変です。

こんなとき、使いたい漢字が出てくるまで「変換」キーを何度も押し続けているだけでも相当な時間がかかってしまいますし、何より、イライラするので精神衛生上もよくありません。多くの人は、「変換候補の少なそうな読み」を入力して、その手間を省いているはず。例えば、「善孝」という名前なら、「ぜん」で「善」を入力し、「こうこう」で「孝行」と入力してから「行」を「BackSpace」キーで削除するというやり方です。

この方法が悪いとは言いませんが、**変換候補が一気にたくさん表示されたほうが、手っ取り早い**はず。そこで、紹介したいのが、**「Tab」キー**です。

例えば、「秘」という漢字を入力したいとします。「ひ」と入力して「変換」キーを押すと、「火」などと変換されます。もう一度「変換」キーを押すと、変換候補が一覧で示されます。ただ、この中にも「秘」という候補はありません。

ここで、「Tab」キーを押してみましょう。すると、**変換候補**

Point
「変換」キーを何度も押す手間が一気に省ける

「Tab」キーで変換候補を大きく表示する

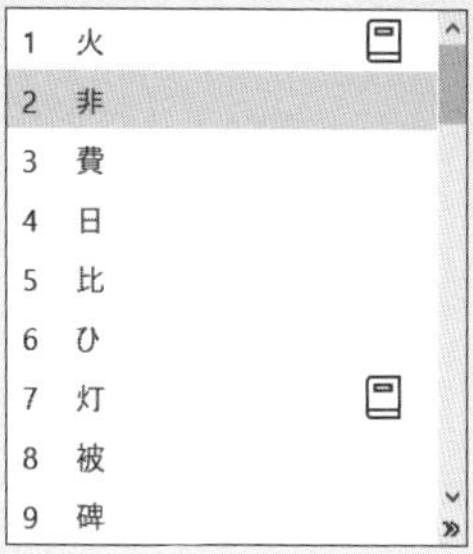

変換 → 変換 で
変換候補が一覧で示される

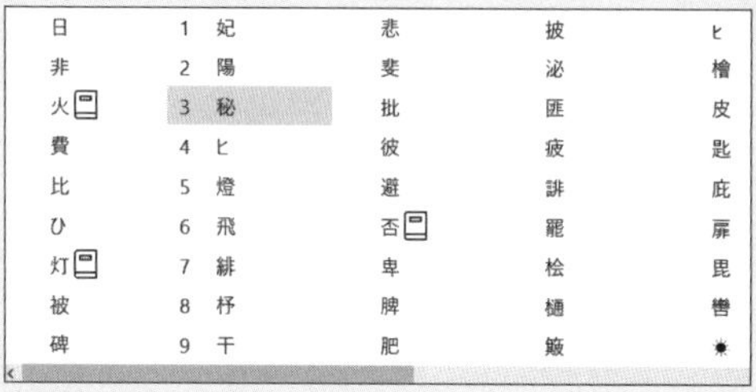

Tab を押すと、縦×横の一覧に切り替わる

が縦×横の大きな一覧になって示されます。「秘」は、2列目の3個目にありました。「→」「↓」キーで選択して、「Enter」キーを押せば、入力の完成です。「→」で列を移動し、「3」という数字で指定してもかまいませんし、選択中の漢字から遠い場所にある場合はマウスでクリックしてもかまいません。

漢字変換は、使いたい漢字が現れるまで、「変換」キーで1字ずつ候補を変えていく手間が大変ですが、それ以上に、あと何回押せばいいのかわからないため、イライラしてしまいます。「Tab」キーを押すだけという簡単な操作ですが、**簡単な分だけその威力は絶大**なのです。

変換ミスの修正は「変換」キーで一瞬！

パソコンは、使っているときに、「あ、こんなことができたのか」と気づくことが少なくありません。

しかも、それは簡単なことほどそうです。というのも、「できる」という思い込みがあると、簡単なことでも試してみようという気にならないから。

——そう言われて、「なるほどその通りかもしれない」と納得される方が多いかもしれません。

ここで紹介するのは、そんなケースの一例です。

すなわちみなさんの中には、一度確定してしまった漢字は、再変換できないと思い込んでいる人がいるのではないでしょうか。間違えた漢字を、一から全て消去し、改めて文字を入力し直す人をしばしば見かけます。

しかし、これなど完璧に時間のムダ。

間違えた漢字を範囲指定し、再変換できることは意外に知られていません。**過去に入力した言葉を範囲指定し、「変換」キーを押せば、再び変換を行うことができる**のです。

「え、そうなの？」という感じでしょうから、一度知ってしまえば、二度と忘れることはないと思います。

これを使えば、**①一度入力した文字を削除して、②入力をやり直し、③変換を行うという作業が一気に簡略化される**のです。

しかも、再変換に要する時間は、わずかにコンマ数秒もかかり

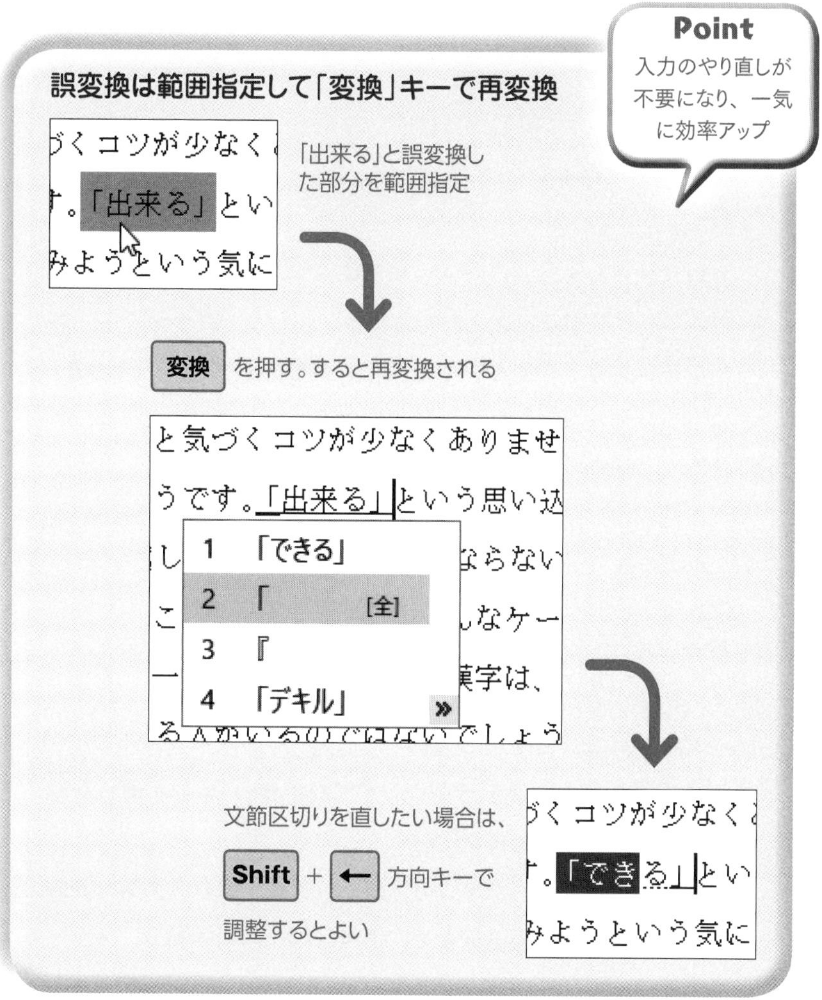

ません。５倍も10倍も素早く時間短縮できるというわけです。

　このテクニックを使えば、一度作成した文書を後で、誤字・脱字チェックする作業が一気に効率化します。やみつきになること請け合いの、優れた「１秒パソコン仕事術」なのです。

半角スペースを入力する最速の方法がある

ご存じの方も多いと思いますが、パソコンは、かな、英数と入力モードを切り替えることができます。しかし、だからこそ、**ひらがなを入力するつもりだったのに、英数の入力モードだった、**というミスはよく起こりがちなものです。

ミスだと気づいて改めて操作をやり直すと、二度手間、三度手間となり、どうしても効率が落ちる原因となってしまいますよね。こんなとき、一体どうすればよいのでしょうか。

例えば、「インターネット エクスプローラー」のように、間に半角のスペースを途中で入れたい場合、いちいち、半角のスペースを入力するためだけに、「かな」→「英数」→「かな」と入力モードの切り替えを行っていませんか？

こんなときにとっておきの方法が、**「Shift」キーを押しながら「スペース」キー**を押すというものです。

これはどういうことかといえば、これで**「かな」入力モードのまま、しかも、全角ではなくて、半角スペースの字間で、スペースを入力**できるのです。

実際、試してみればわかりますが、「英数」「かな」と、入力モードを切り替える必要がないので、入力の手間が一気に短縮できます。

しかも、「かな」「英数」の入力間違いが激減するので、大幅に効率がアップします。「半角」を入力したいとき、いちいち英数

半角スペース＝「Shift」キー＋「スペース」と心得る

Point
よく使う半角スペース。
入力モードの切り替え
不要で効率アップ

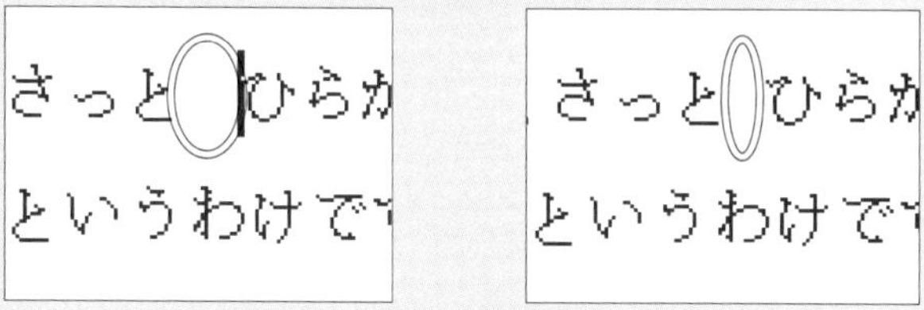

「かな」入力モードのままで、半角スペースが打てる

モードに切り替えなくても、さっとひらがな半角モードに切り替えた感覚になれる画期的な方法、というわけです。

単語登録は手間をかけずに一瞬ですませる

製品名や会社名など、**繰り返し入力する特殊な単語は、日本語辞書に登録**するのが効率のいいやり方です。

例えば、①登録したい単語を範囲指定し、②画面右下の日本語ツールを右クリックし、③表示された右クリックメニューから「単語の登録」を選べばよいだけです。

もちろん、単語だけではありません。

「いつもお世話になっております」などのよく使う言い回しを「いつもお」で登録しておけば、入力の手間を大幅に省くこともできるのです。

ただ、いちいち日本語ツールを右クリックして単語登録を行うのは、面倒です。何しろ、意外に面倒なのが、細かい操作が必要なマウス作業です。細かい右クリックメニューから、正確にメニューを選ぶとなると、面倒で、結局、誰も登録しなくなってしまうのではないでしょうか。

それでも、同じ単語が何度も出てきて、「こんなことなら、単語登録しておけばよかった」と思うのが、人情というもの。こんな場合に即、役立つ効率のいいテクニックが、実はあるのです。

それが、**「Ctrl」キー＋「F7」キー**です。

登録したい言葉をマウスでなぞって範囲指定した後、「Ctrl」キー＋「F7」キーを押してみてください。

すると、「単語登録」画面が表示されます。画面が現れない場

「Ctrl」キー ＋「F7」キー ＝ 単語登録

登録したい文字をマウスでなぞって、範囲指定し

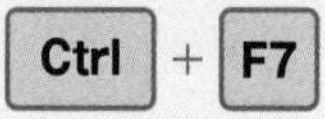

単語登録画面が表示される。登録したい文字を入力して「保存」

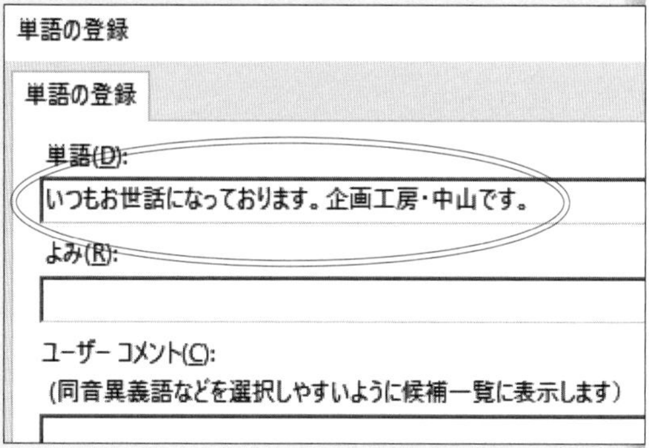

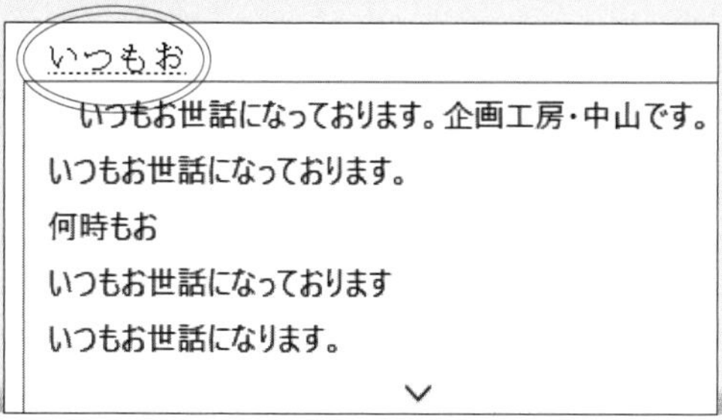

「いつもお」と入力すると、単語登録した漢字が表示される

合は、英数モードになっているので、かなモードに切り替えれば表示されるはず。

後は「よみ」の欄に読みを入力するだけ。**サッと登録できて、次からの入力・変換の手間を大幅削減**。ぐっと効率が上がります。

面倒な住所の入力は「郵便番号」でたった1秒！

仕事のパソコンで**面倒と感じる作業の代表格が住所の入力**ではないでしょうか。いただいた名刺を横に置き、「東京都中央区銀座～」と入力するのは「なんか面倒だなあ…」とうんざりしてしまいますよね。

その手間を省くには、エクセルなどで住所録を作っておいて「Ctrl」キー＋「F7」で単語登録すればよいのですが、大量の名刺を処理するプロセスを考えると、ついつい後回しにしてしまいます。私自身、クラウドの名刺管理アプリで、手間を省こうとしたことはありますが、名刺読み込みアプリは、専用のスキャナーを接続するのがそもそも面倒です。

スマホで名刺を撮影すれば名刺管理ができるクラウドサービスは、かなり便利なのでこれは利用する価値があるかもしれません。ただ、日々増える名刺データを管理するのは意外に面倒で枚数がたまるとどうしても後回しにしてしまいます。結局、名刺を紙のまま管理して、時間があるときにスマホで撮影するという併用型で行っています。

というのも、名刺さえあれば、住所の入力の手間を大幅に削減できる便利なテクニックがあるからです。それは、**「150-0011」などと郵便番号を入力して「変換」キーを押すと、「東京都渋谷区東」と変換することができる**のです。地番やビル名は自分で入力しなければなりませんが、これだけでずいぶん入力時間を短縮

Point
面倒な住所入力の手間が、一気に楽になる

「郵便番号」→「変換」キーで住所入力

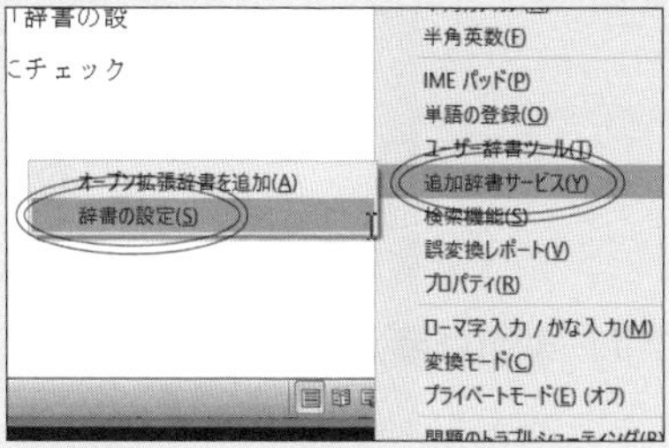

「日本語ツール」を右クリック→
「追加辞書サービス」→
「辞書の設定」

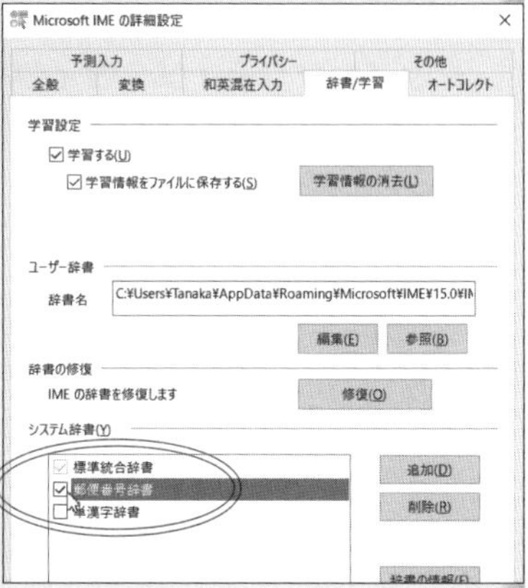

「郵便番号辞書」にチェック

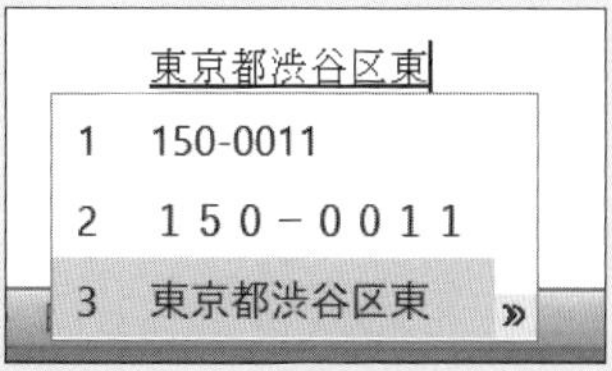

郵便番号を入力後、「変換」キー。住所が表示される

できます。何より、「面倒」というストレスが軽減します。
「実際にやってみたが、できなかった」という人は、パソコンの辞書設定で、郵便番号辞書がオフになっているのが原因。日本語ツールを右クリックし、「追加辞書サービス」→「辞書の設定」を選んで、「郵便番号辞書」のチェックボックスにチェックを入れれば使えるようになります。

使用するウィンドウはキー一発で切り替える

パソコンでは、いくつかのウィンドウを開き、**使用するウィンドウ（＝アクティブ・ウィンドウ）を切り替える**、という操作をよく行います。例えば、エクセルで数表を作成してコピーし、ウィンドウをワードに切り替えて文書に貼り付ける、といった具合です。

アクティブ・ウィンドウの下のウィンドウがはみ出して見えているときは、クリックすればそのウィンドウをアクティブにできますが、開いてあるウィンドウが３つ４つと増えると、この方法では難しくなってきます。

あるいはタスクバーのアイコンをクリックすれば、クリックしたものがアクティブ・ウィンドウに。この方法も、例えばエクセルのファイルを複数開いていると、タスクバーのエクセルのアイコンをクリックしても、それらが小さく並んで表示されるので、そこからクリックして選ばなくてはなりません。マウスは細かい操作が苦手ですから、選ぶのは意外に大変です。

そこで、もっと速く、正確にアクティブ・ウィンドウの切り替えができる操作、それが、**「Alt」キー＋「Tab」キー**です。

開いてあるウィンドウが２つだけなら、「Alt」キー＋「Tab」キーを押せば、もう一方のウィンドウに切り替わります。また、これが３つ以上の場合なら、「Alt」キー＋「Tab」キーで、別のウィンドウがアクティブになり、それじゃないというなら、**「Alt」**

「Alt」キー ＋「Tab」キーでアクティブ・ウィンドウを切り替え

タスクバーのアイコン→ウィンドウの指定というマウスの細かい操作は意外に面倒で時間がかかる

Point
マウスの細かい操作は一切不要。コピペなどの作業がはかどる

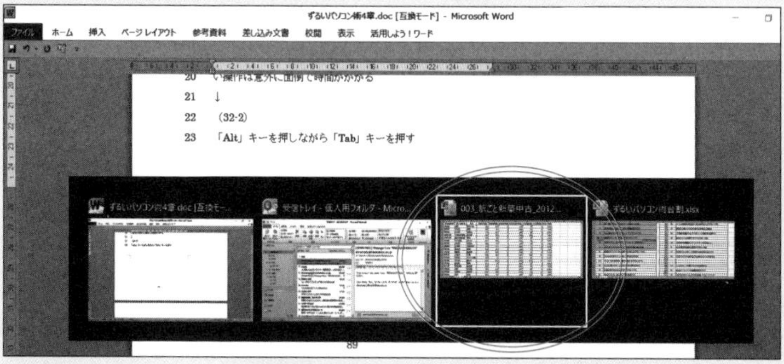

Alt を押しながら **Tab** を押す

キーを押したままにして、「Tab」キーをもう 1 回押します。すると、画面の真ん中に、開いてあるウィンドウが横一列に小さく表示されます。その中で「Tab」キーを押した回数だけ右方向に選択したウィンドウが移動しますから、「これがそう」というところでストップ。

手をキーボードの上に置いたままでできてしまいますから、**入力の延長で素早くアクティブ・ウィンドウの切り替え**ができ、仕事の効率を高めることができるのです。

ウィンドウの大きさもキー操作で変更

しばらく使わないウィンドウを、最小化してタスクバーの表示だけにしたり、最大化されたウィンドウを少し小さくして下のウィンドウを選べるようにしたり、……といったことは、「よくある話」ですよね。

こういう**「ちょっとしたこと」ほど、ちょっとした手間ですませてしまいたい**ものですが基本はマウスの操作なので、面倒な操作が必要になってしまいます。

これから紹介するテクニックは、「おお、それはすごい」とうれしくなるようなすごい操作ではありません。しかし、よくやる「ちょっとした作業」なので、意外なほど効率アップにつながります。何しろパソコンは、細かい操作を次から次へと行っていくことが多いですから。その積み重ねが大きな差につながることになるのです。

まず、選択中のウィンドウの大きさを簡単に変更する方法。それが、**「Windows」キー＋上下の方向キー**です。ウィンドウの大きさが、「最小化」「普通の状態」「最大化」の３段階あるとすると、これだけで変更できます。画面いっぱいの「最大化」された状態なら、「↓」キーを１回押すとひと回り小さくなり、もう１回押すと、「最小化」されるといった具合です。最小化した直後なら、「Windows」キー＋「↑」キーで、元の大きさに戻すこともできます。が、何か別の操作をやると、最小化されたウィ

「Windows」キー ＋ 上下方向キーで ウィンドウの大きさを変更

Point
ウィンドウの大きさのちょっとした変更が一瞬でできる

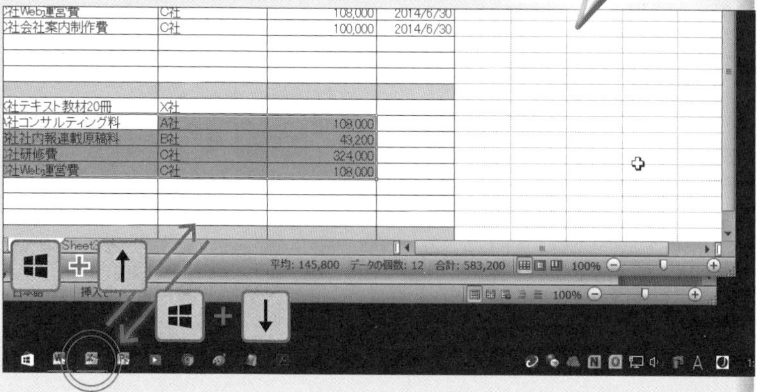

ンドウの選択が解除されてしまうので、このテクニックは使えません。下になったウィンドウのデータなどを確認だけして、すぐ元に戻すといった場合にのみ使えます。

次に、**「Windows」キー＋「M」**という操作。これは、**開いたウィンドウを一気に最小化**するものです。つまり、デスクトップ全体を表示できます。ウィンドウを開きすぎた画面をいったんスッキリさせたいとき、あるいはデスクトップ上のファイルを作成中のメールに添付する場合に有効です。タスクバーに**最小化された作成中のメールに、ファイルをドラッグすると、添付ファイルになり、作成中のメールは画面上に復活します。**メールにファイルを添付するのは意外に面倒なものですが、このテクニックを使えば、一瞬で片づいてしまうのです。

コピー、貼り付け、切り取りはショートカットキーで行う

コピーのショートカットキーは**「Ctrl」キー＋「C」**。

貼り付けのショートカットキーは**「Ctrl」キー＋「V」**。

切り取りのショートカットキーは**「Ctrl」キー＋「X」**。

ショートカットキーの基本中の基本だけに、すでにご存じだった方が多いでしょう。

しかし、冒頭にも書いた通り、これらの基本的な操作を使うだけで、作業の時間を半減できるのです。しかも、ワード、エクセル、パワポ、メール、ブラウザ、PDF、メモ帳……と、あらゆるアプリに使うことができるのです。すべてのアプリで共通して使えるのはもちろん、ファイルやフォルダーのコピーや移動まで、幅広く使えて、非常に魅力的です。

ここで覚えておきたいのは、「C」がコピーの頭文字だということ。機能を繰り出す「Ctrl」キーを押したままにし、同時に「C」を押せばコピーの操作の完了です。

一方で、切り取りの「X」、貼り付け（「ペースト」という言葉を使う人もいるようです）の「X」については、何の頭文字の略か、わかっている人はいません。このために、切り取り、貼り付けのショートカットキーが覚えられないという、困ったことが起きても不思議ではありません。

なのですが、実は面白いことに、キーボードを見ると、「X」「C」「V」は、一直線に横に並んでいることがわかります。貼り付け

「コピー」「切り取り」「貼り付け」は一連の流れ作業

の「V」は、ペースト、切り取りの「X」は「カット」。どうにも関係性や意味はわからないのですが、「V」「X」の意味などはどうでもいいのです。

私は、これらが、「Ctrl」キーに左手小指を置いたままにして一番押しやすい場所にあるからだと理解しています。

つまり、これら**3つのキーは横一列に並んでいるから、中指で「C」、人差し指で「V」と、続けて押しやすい**。だから、コピー&貼り付けが、流れるように素早くできるのがミソ。単に覚えるだけでなく、素早く続けて打てるよう、手に癖をつけてしまうのがポイントです。

「別名で文書を保存」もキー操作で一発！

仕事では、**以前作成した文書を再利用して、新しい文書を作成**することがよくあります。そして、新しい文書を**「別名で保存」にして、別のファイルにする**――どなたも、ふだんからやっている操作ではないでしょうか。

ここで忘れてはいけないのが、「名前を付けて保存」という操作。

間違えて「Ctrl」キー＋「S」を押して同じ名前で保存したのでは、元のファイル内容が消去されてしまいます。すなわち、リボンの「ファイル」タブをマウスでクリックし、画面左上に表示される「名前を付けて保存」を、クリックして選ぶ、という面倒な一連の操作が発生します。

しかし、この操作を忘れずにやる、というのが意外に面倒――この気持ち、よくわかります。

そこで用意されているショートカットキーが、「F12」キーなのです。文書を開いた上で、**「F12」を押すと、一瞬で「名前を付けて保存」という画面が現れます。そこで別のファイル名を付け、最後に「Enter」キーを押せば完了**となります。

重要なのは、このテクニックを使うタイミング。

というのも、間違って「Ctrl」キー＋「S」を押してしまい、元の文書に上書き保存してしまう、というミスがよく起こるからです。

こうしたミスを防ぐには、**「別名で保存しないといけない」と**

元の文書を開いた直後に「F12」キーで「名前を付けて保存」

Point
マウスを使うよりはるかにスピーディー。元の文書に上書きするミスも減る

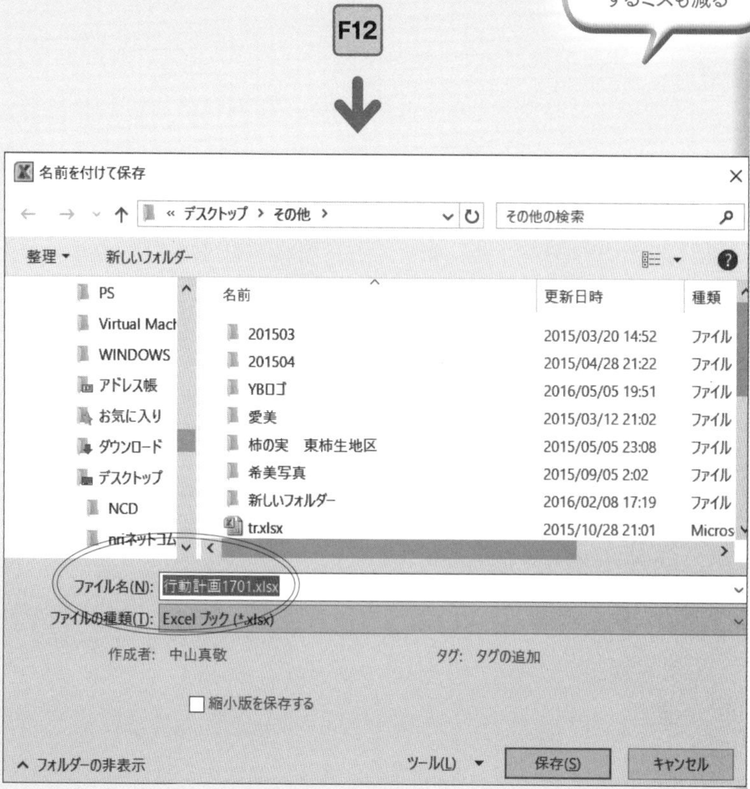

いう意識が一番強く残っている、文書を開いた直後に行うのがベストでしょう。

特に、私のように「Ctrl」キー＋「S」が手グセになっていて、しきりに押してしまう人間には欠かせない習慣です。

キー操作一発でファイル名を変更する

ファイル名やフォルダー名の変更は、意外にやっかいです。

ファイルやフォルダーを右クリックし、「名前の変更」を選ぶやり方だとマウスで細かい操作をしなくてはなりません。ひとつ、例外的な方法で言うと、キーボードの右下周辺に、「右クリック」ボタンというものがあります。意外に知られていませんが、これを押すと右クリックメニューが表示されるのです。右クリックメニューが表示された後、方向キーを押せばメニューが移動します。「↑」を押すと、下からメニューが表示されるのです。位置から上からか下からかを判断できるため、意外にこれは便利です。

また、ファイルやフォルダーを選択し、時間を置いてから、もう一度だけクリックすると、名前の部分に青い背景色がついて、名前の変更ができます。「ファイルやフォルダーを選択して」「もう一度クリックする」という２度のクリックが、ダブルクリックと勘違いされて、ファイルやフォルダーを開いてしまうことが少なくありません。これでイライラした経験のある人は多いはずです。

そんなイライラが一気に解消する「とっておきの方法」があります。それが、**「F2」キー**です。このキーを押せば、**即、名前の変更が可能**になるのです。

これを行うと、名前全体が青い背景色となりますが、**「↓」キー**を押してみてください。すると、なんと**ファイル名、フォルダ**

ファイルの名称変更は「F2」キー

Point
効率10倍！キー一発で名前の変更モードに変えられる

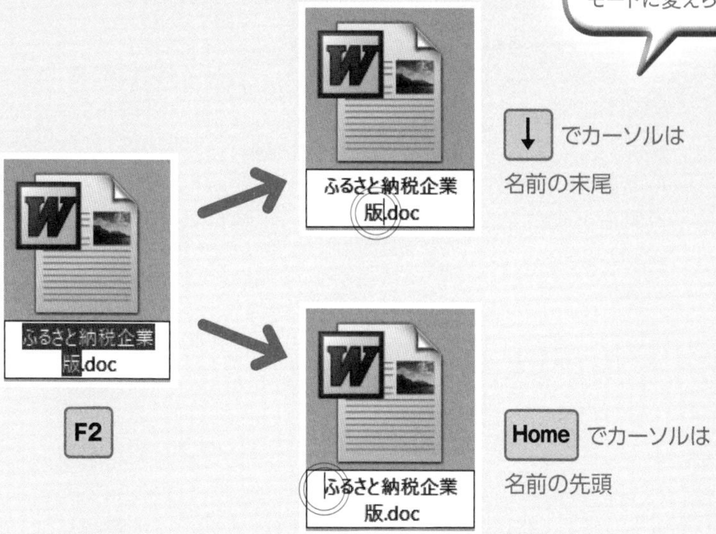

ー名の一番後ろにカーソルが来るのです。

ファイル名の最後に「2001」などと日付を入れる人が多くいますが、この方法なら、「BackSpace」キーで日付部分だけ削除して、数字を変更するのも簡単。また、名前の最初を変更したい場合なら、**「Home」キーを押せば、カーソルが先頭に来ます**。「Delete」キーを押せば、名前の先頭から1字ずつ削除できるので、先頭部分を変更する場合に便利です。名前の変更が終わったら、「Enter」キーで確定――マウス操作なしで、ファイル名の変更がすみ、非常に効率的です。

さらに、この操作を応用したテクニックがあります。

同じファイル名 + 通し番号になる

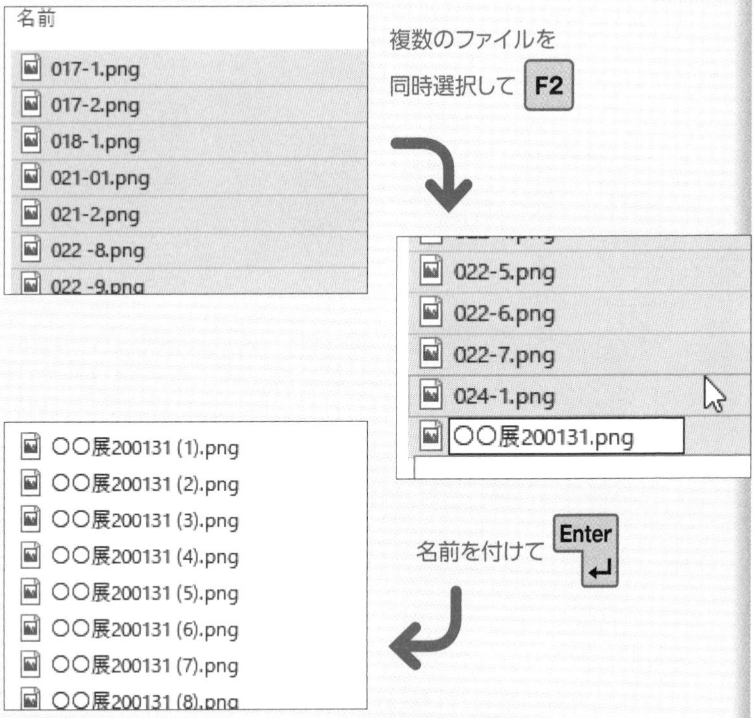

同じファイル名 + 通し番号になる

それは複数のファイルの名称を変更する場合。例えば、展示会で撮影した複数の写真に、それとわかる名前を付けたいときなどです。

こんなとき、1つずつ名前を変更する必要はありません。

例えば、5つほど、新規フォルダーを表示したとします。**これ**

らを同時選択して、「F2」キーを押してください。そう、「名前の変更」です。字が反転するのは1つだけですが、「〇〇展200131」などと名前を付けてみます。

最後に、「Enter」キーで確定。

すると、同時選択したファイルに「〇〇展 200131」と並んで、「〇〇展 200131 (1)」…などと、通し番号がつけられるのです。

これは、まったく同じ名前のファイルは同じ場所に置けないため。

代わりにパソコンが（1）（2）……を末尾に付けて区別しようとしてくれるからです。

ワードとエクセル、PDF 文書といったように、拡張子が違うファイルには通し番号を付けてくれません。しかし、**同一の拡張子であれば複数のファイルに 1 つずつ名前を付ける作業が不要**になり、共通のファイル名でひとまとまりのファイルだとわかるようになるので、ファイル管理の手間が一気に解消されます。

「印刷する」は「Ctrl」キー ＋「P」で一発！

　仕事をしているとき、一応の文書作成が終わって、「印刷したい」と思ったとします。
　こんなとき、例えばワードなら、リボンの「ファイル」タブをクリックし、メニューの左側の下のほうに表示される「印刷」をクリックして選べば印刷開始画面が表示される、というのが一般的なやり方でしょう。ただし、この一連の操作に、「いかにも面倒」と感じておられる人は、意外と多いのではないでしょうか。そう、「面倒くさい」のです。
　そこで、印刷だけはショートカットキーですませる、という人がいます。すべてのアプリに共通で、**印刷を行うショートカットキーが「Ctrl」キー＋「P」**です。
　エクセル、ワード、パワポはもちろん、PDF 文書やメール、Web なども、これで印刷画面を表示できます。「P」はもちろん、「プリント(Print)」の頭文字です。「プリント」の頭文字ですから、「覚えたくなくても、覚えてしまった」という人のほうが多いのではないでしょうか。
　エクセル、ワードなどは、ツールボタンをタブで切り替える「リボン」形式になっているので、昔と違って、ツールボタンのクリック一発で印刷できません。いちいち「ファイル」タブをクリックして、それから「印刷」メニューをクリックして、印刷画面を表示するのです。面倒な上に、時間もかかります。

「Ctrl」キー＋「P」＝印刷

Point
マウスで４～５秒の操作が１秒足らずですんでしまう

左手の小指で「Ctrl」キーを押し、右手の人差し指で「P」。
印刷画面が表示されたら、そのまま右手の小指で「Enter」キー

しかし、「Ctrl」キー＋「P」を押せば、余白、枚数などの設定を行わない場合、「Enter」キーで「印刷」ボタンを押したのと同じ。

マウスを使うと４～５秒はかかってしまう操作が、このやり方ならせいぜい１秒。スピード感がまるで違います。印刷は仕事上で何度も頻繁に行う操作でしょうから、積み重ねると、大きな差になるのです。

ちなみに、閉じた文書を印刷する場合、**印刷のためだけにファイルを開くのが、時間もかかり、面倒**なことがあります。こんなときは、マウスが活躍するのですが、**ファイルを右クリック→「印刷」**が便利です。

一瞬でデスクトップを表示させる

みなさんは、Windowsのメインメニューをどうやって開いているでしょうか。

メインメニューとは、「設定」や「電源」、「アプリ」の選択などを行う画面。タスクバー左端の窓のアイコン（「スタート」ボタン）をクリックすれば、メインメニューの表示ができますね。多くの人がこの方法で、Windowsのメインメニューを開き、作業効率を落としてしまっているのではないでしょうか。

そこで、お勧めしたいのが、**キー操作一発でWindowsのメインメニューを開く**方法。しかも、覚えるのも簡単です。その方法とは、キーボードの**「Windows」キー**――「Ctrl」キーの右隣にある窓のアイコンが描かれたキー――を押すだけです。

メインメニューを表示したら、ズラリと並んだ中から選んでアプリを立ち上げるなど、マウスを使ったほうが便利な場合もありますが、それでも左手で「Windows」キー、右手でマウス操作と二刀流で操作できますから、細かいアイコンのクリックが不要になる分、効率よく操作ができるはず。また、「↓」キーを押すと、アプリの一覧のメニュー選択が始まり、「PageDown」キーを押して表示するアプリを下に大きく移動すれば、スクロールの手間が省け、効率がアップします。メニューの下から選んだほうが速いというなら、「End」キーで一番下を表示することも可能です。

電源を切る場合や「設定」を開く場合などは、メインメニュー

「Windows」キーでWindowsのメインメニューを開く

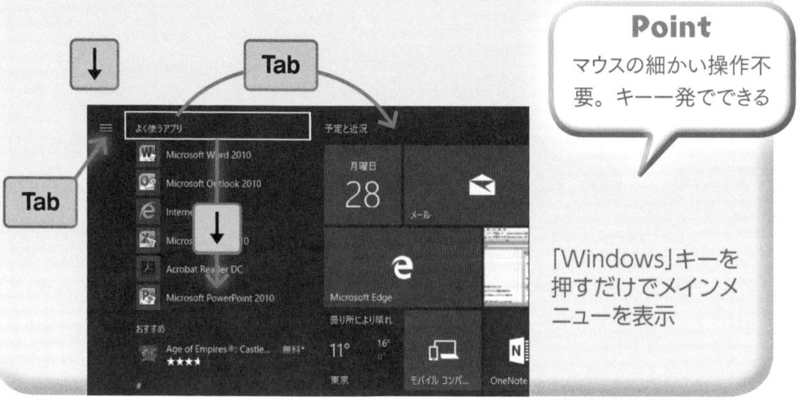

を開いた後、「Tab」キーを押せば、左上のメニューのボタンを選択しますから、「↓」キーでメニューを選び、「Enter」キーで確定すればOKです。

右側の「予定と近況」などのメニューを選ぶときは、「Tab」キーを押せば、右側のメニューに移動しますから、やはり方向キーでメニューを選んで「Enter」キーで確定しましょう。

ちなみに、「Windows」キーの存在を知らないという方は、**一瞬でデスクトップを表示させることができる便利なショートカットキー、「Windows」+「D」**もご存じないのではないでしょうか。画面上にいくつもウインドウが開いている状況で、それらを1つ1つ閉じていく作業は、時間がかかりますし面倒です。このショートカットキーを知っている方からすると、「そんなことも知らなかったの？」となるくらい頻繁に使用する操作。絶対に覚えておきたいテクニックの1つです。

新規フォルダーも一瞬で作成できる

私にとって、**フォルダーは保管庫である**というのが基本です。フォルダーだらけになると、フォルダーを開くのに時間がかかり、かえって効率的なファイル管理ができなくなるからです。

ただ、1つの案件でもファイルが多すぎて、そのままだとゴチャゴチャしてわけがわからなくなってしまいます。そんな場合は、フォルダーを作成して1つにまとめています。ファイルがいくつ以上になればフォルダーにまとめるといったルールは一切ありません。必要に応じてフォルダーを作ればそれで十分。**もともとパソコンの画面は、感覚的に使えるよう、「机の上」に見立ててあります**。感覚的にファイル管理を行っても、不都合はありません。

デスクトップが乱雑になってきたから、フォルダーを作ってまとめようかな――そう思ったとき、簡単にフォルダーが作成できることが重要なポイントです。面倒だと、つい後回しになってしまうからです。しかし、デスクトップやフォルダーの中を**右クリックして、「新規作成」→「フォルダー」と選んでいくのは、意外に面倒**です。何しろ、マウスは細かい操作が苦手ですから、ズラリと並んだメニューからお目当てのものの上に正確にポインターを移動させなくてはなりません。

そこでお勧めしたいのが、ショートカットキーでフォルダーを作るテクニック。**「Ctrl」キー＋「Shift」キー＋「N」**です。

「Ctrl」キー＋「Shift」キー＋「N」で新規フォルダー

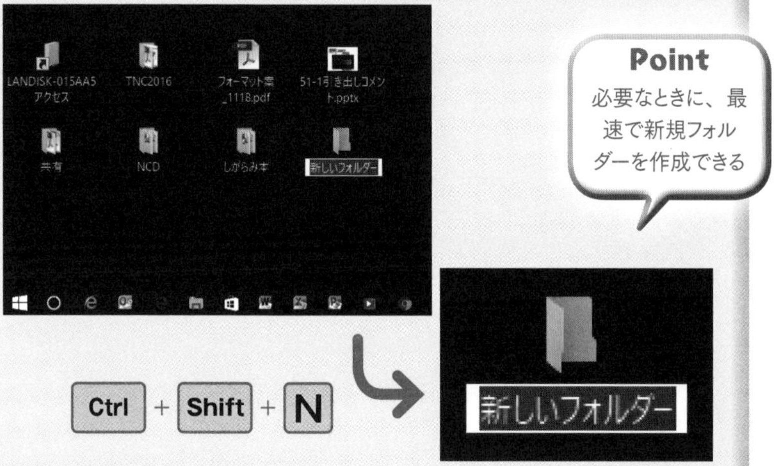

そのままフォルダー名を入力

例えばデスクトップを表示して、この操作を行うと、デスクトップ上に新しいフォルダーが作成されます。新しいフォルダーは、フォルダー名が青い背景色つきになっており、そのまま入力してフォルダー名を付けることができます。つまり、マウス操作が一切不要で、新しいフォルダーができるのです。

「重複なく・漏れなく」の MECE を意識して、最初に空っぽのフォルダーをたくさん作る人がいますが、フォルダーの数が増えれば、探すのにも時間がかかってしまいます。**フォルダーは、必要なとき、必要に応じて作る**に越したことはありません。必要になったとき、素早くフォルダーを作成できるのが、この「Ctrl」キー＋「Shift」キー＋「N」というわけです。

間違いのない「文書を開く」最速の方法

文書を開くショートカットキー操作は、「Ctrl」キー+「O」。「O」は「Open(開く)」の頭文字で、すぐに覚えられる操作です。

一方で、マウスを片手に行う人が多いでしょうから、マウスを持ったままでお目当てのファイルを見つけて、そのままダブルクリックしてしまうという人のほうが、多いでしょう。どちらが正解というものではもちろんありません。「やりやすいほうでやればいい」のです。

しかしこのクリック方式には1つ欠点があります。それは、ダブルクリックの反応が遅すぎて、反応しないと思ってダブルクリックを何度も繰り返したら、やった回数だけ開くのを待たなくてはならなかった、という笑えない話をよく聞くことです。

そこで、「間違いのない方法」が「Enter」キーです。

ファイルを選択した状態で、「Enter」キー。1回押すだけで確実に開けます。それが間違いのない着実な方法。結果的に最も時間を節約できるのです。

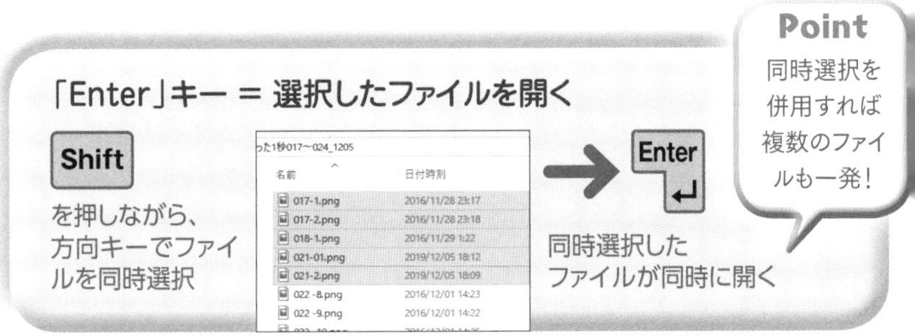

「アプリ終了」は「Alt」キー ＋「F4」キー

「アプリの終了」「ウィンドウを閉じる」は、アプリによって、ショートカットキーが異なります。例えば、**アクロバットリーダーは、「Ctrl」キー+「Q」**でアプリ終了。「Q」は「Quit（終了）」の頭文字。エクセルやワード、パワポなどはこの操作が使えません。また、エクセルやワードで複数のファイルを開いているとき、**「Ctrl」キー+「W」**でウィンドウを閉じられますが、この操作に対応していないアプリはかなりあります。

どんなアプリでも必ず対応している「アプリの終了」のショートカットキーがあるのです。それが、「Alt」キー+「F4」です。

このテクニックは、「○○の頭文字」というものではないので、なかなか覚えられないかもしれません。

しかし、マウスで、ウィンドウの小さな「閉じる」ボタンをクリックするのは面倒。繰り返し使えば自然と覚えられるもの。ふだんから使うことを心がけるようにしたいものです。

どんなアプリも終了できる「Alt」キー ＋「F4」キー

左手の人差し指か親指で「Alt」キーを押し、右手の人差し指を上に伸ばして「F4」キーを押す

「すべて選択」の「Ctrl」キー ＋「A」は「ほぼすべて」でも使える！

範囲指定で、**「すべて選択」を行うショートカットキーが、「Ctrl」キー＋「A」**。「A」はもちろん、「All」の頭文字です。

昔は、メニューバーの「編集」を選べば「すべて選択」がありました。しかし今や、「ホーム」タブで「編集」→「選択」→「すべて選択」を次々クリックしなければなりません。場所がわかりにくい上、その時間、労力たるやバカになりません。

コピーの「Ctrl」キー＋「C」などと同様、多くの人がすでにご存じだったでしょうが、もし「知らなかった」という人がいたら、絶対に覚えてください。

さらにこのテクニックの応用ポイントは、**「ほぼすべて」を選択する場合**。すべて選択した後、**「Shift」キーを押しながら「↑」「←」キーを押すと、末尾から１行、１字ずつ範囲指定から外す**ことができます。後で選択範囲を微調整できることがわかっていれば、すべてではない広い範囲指定が、一気に効率化できるので、知っておいて損はないでしょう。

Point
広い範囲指定でも、マウスでスクロールする手間が一切不要

「Ctrl」キー ＋「A」＝ すべて選択

左手の小指で「Ctrl」キーを押しながら、左手の中指で「A」を押す

「操作を取り消す」は「Ctrl」キー ＋「Z」、「操作の取り消し」の取り消しは？

誤って、大切な文やデータを削除してしまったとか、表の体裁を崩してしまったとか――パソコン操作にミスはつきもの。

しかし、仕事ができる人ほどそんなとき狼狽しません。それは、**誤った操作を取り消して、元に戻せることを知っている**からです。それが、**「Ctrl」キー＋「Z」**です。

これを使えば、間違った操作をした後、文を打ち直したり、表や書式の体裁をいちいち修正して直す必要がなくなります。時短に直結する優れたテクニックなのです。もちろん、取り消せる操作は1つに限りません。「Ctrl」キーを押しておき、**「Z」を押した回数分だけ、操作を取り消せます。**

もし、「Z」を多く押しすぎて、取り消す必要のない操作まで取り消してしまったら？――そんな場合も心配ありません。**「Ctrl」キー＋「Y」は、「取り消しの取り消し」**。誤った取り消し操作も、これで取り消すことができます。操作ミスを必要以上に恐れなくなります。それが最大の効用かもしれません。

Point
操作ミスしても、簡単に元に戻せる。再入力などは不要

「Ctrl」キー ＋「Z」＝ 操作の取り消し
「Ctrl」キー ＋「Y」＝「操作の取り消し」の取り消し

左手の小指で「Ctrl」キーを押しながら、左手の薬指で「Z」を押す。「Y」は、右手の人差し指で

「検索する」は
「Ctrl」キー ＋「F」

ワードやエクセルで、特定の言葉を探したり、ブラウザでWebページを閲覧しているとき、知りたい情報がどこにあるかを探したり――**情報収集に欠かせないのが「検索」機能**です。エクセル、ワード、パワポのほか、ブラウザ、メモ帳などでも使える検索のショートカットキーが**「Ctrl」キー＋「F」**。「F」は「Find（見つける）」の頭文字です。

例外がメールアプリのアウトルック。その他のメールアプリも多くが使えません（Macの標準メールアプリ「メール」では、「Command」キー＋「F」で検索可能）。「Ctrl」キー＋「F」には、メールで検索以上によく使う別の機能が割り当てられるからです。「F」は「Forward」の頭文字なのでメールの転送のショートカットキーになっています。

ともあれ、多くのアプリで使える「検索」のショートカットキー。情報力が高まり、仕事の実力がアップすることは間違いないでしょう。

Point

文章中の特定の言葉を素早く見つけ出すことができる

「Ctrl」キー ＋「F」＝ 文字列を検索する

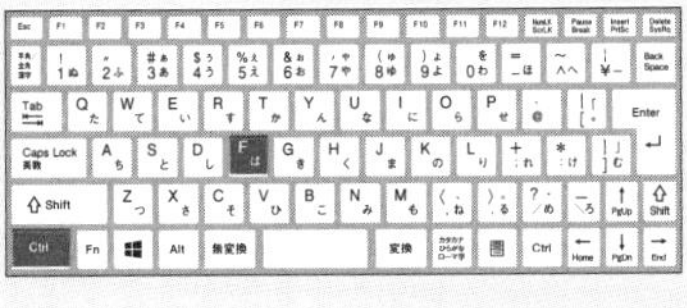

左手の小指で「Ctrl」キーを押しながら、左手の人差し指で「F」を押す

「プロパティを開く」は「Alt」キー ＋「Enter」キー

「プロパティ」とは、詳細情報のこと。例えば、ファイルの容量、作成日時や更新日時といった情報を確認したり、「読み取り専用」「アクセス権限」などの詳細設定を行えます。

一般的なプロパティ画面の開き方は、右クリックで右クリックメニューの中から「プロパティ」を選ぶやり方。繰り返しになりますが、マウスは細かい操作が苦手。**ズラリ並んだメニューから「プロパティ」を選ぶのは意外に面倒**です。

そこで役立つのが、**「Alt」キー＋「Enter」キー**という操作。これを押せば、一瞬でプロパティ画面が開きます。メールにファイルを添付する場合に、容量が大きすぎないか確認するなど、詳細情報がちょっと気になったときに、サッとプロパティ画面を開けるので便利。**確認が終わったら、標準で「OK」ボタン**が青く囲まれ選ばれた状態になっているので、「Enter」キーを押すだけで閉じるのも簡単。とっつきにくかったプロパティが身近になり、仕事の精度が高まるに違いありません。

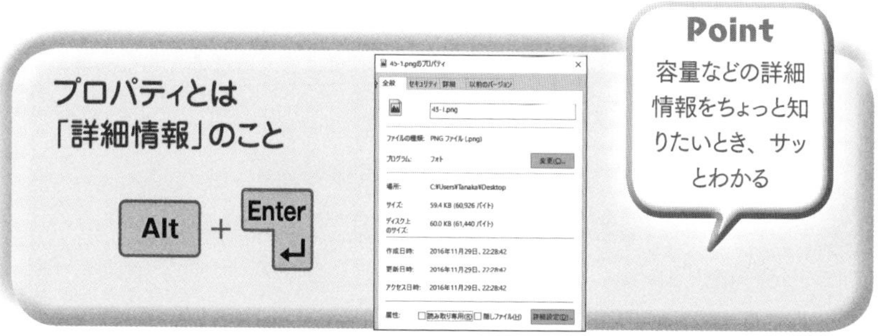

ファイルを削除するのは「Delete」キーが速い

マウスの**ドラッグは、動かす距離が短いときは手軽で便利**です。フォルダーのファイルをデスクトップ上に移動したければ、ドラッグ&ドロップですんでしまいます。また、フォルダーのファイルを再利用して文書を作成する場合、私は上書きして元の文書を消してしまわないよう、デスクトップ上にコピーします。こんなときは、「Ctrl」キーを押しながら、ドラッグ&ドロップすれば、ファイルの複製は完了です。

しかし、**ドラッグする距離が伸びると、この操作はたちまち難しくなります**。ドラッグ中に、クリックする指がゆるんでしまうせいか、動かした途中にあったフォルダーにファイルが移動して、どこにいったかわからなくなった、ということがしばしば起こるからです。

同様のことが、ファイルやフォルダーを削除する（ごみ箱に移す）操作についても言えます。簡単な操作のはずなのに、ドラッグする距離が長いと、ミスが起こりやすいのが「削除」。そこで、速くて確実、しかも楽な方法でファイルやフォルダーを削除すると仕事がはかどる、ということになります。

その方法は、**「Delete」キー**。念のため確認する画面が表示されますが、**「Enter」キーを押せば削除完了**。もちろん、複数のファイル、フォルダーを同時選択してもかまいません。

さらに、ファイルやフォルダーをごみ箱に移すだけでなく、完

「Delete」キー ＝（ファイルやフォルダーを）削除する

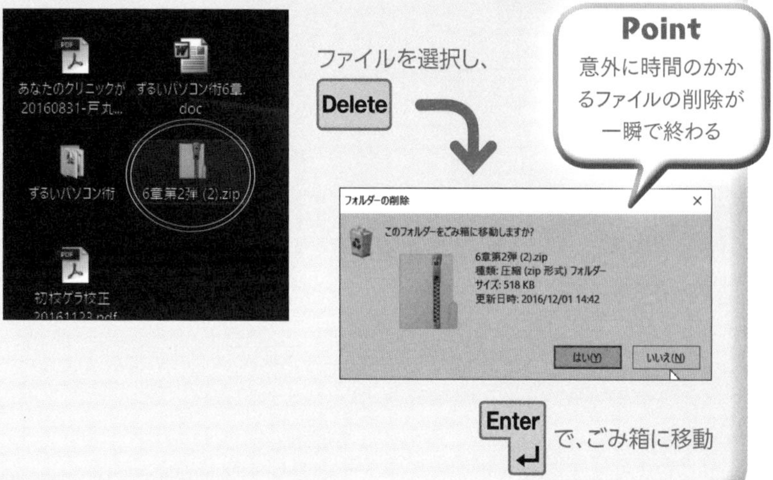

全に削除する方法もあります。

ファイルやフォルダーの削除は、誤って必要なものを削除する場合に備え、ごみ箱の中でいったん保存され、ごみ箱から出せば再び使えます。完全に削除するには、「ごみ箱を空にする」を行います。ただ、いちいちこんな操作をするのは二度手間ですし、ふだんは「ごみ箱を空にする」などやらないので、気が付けば、ごみ箱がファイルやフォルダーでいっぱいになってしまいます。これはすぐ破棄したい極秘情報など、セキュリティ上も問題です。ファイルやフォルダーをすぐに完全に削除したいときは、**「Shift」キーを押しながら「Delete」キー**。一応、「本当にいいの？」と、確認の画面が表示されるので、誤って大切なファイルを完全に消してしまうこともないでしょう。

絶対マスターしたい!

基本ショートカット一覧 日常編

「Ctrl」+「C」	コピー
「Ctrl」+「V」	貼り付け
「Ctrl」+「X」	切り取り
「Ctrl」+「B」	太字にする
「Ctrl」+「U」	下線付きにする
「Ctrl」+「I」	斜字体にする
「Ctrl」+「スペース」	書式を標準に戻す
「Ctrl」+「F7」	単語登録
「Ctrl」+「A」	すべて選択
「Ctrl」+「Z」	操作の取り消し
「Ctrl」+「Y」	「操作の取り消し」の取り消し
「Ctrl」+「F」	検索する
「Ctrl」+「P」	印刷

「Ctrl」+「S」	文書の(上書き)保存
「F12」	別名で文書を保存
「Ctrl」+「O」	文書を開く
「Ctrl」+「N」	新規文書を開く
「Ctrl」+「Shift」+「>」	文字を大きくする
「Ctrl」+「Shift」+「<」	文字を小さくする
「Ctrl」+「←」	カーソルを1単語分前に移動
「Ctrl」+「Backspace」	直前の誤変換確定を取り消す
「Ctrl」+「Alt」+「Delete」	タスクマネージャーを立ち上げる
「Windows」+「D」	デスクトップを表示
「Windows」+「↑」	ウィンドウを大きくする
「Windows」+「↓」	ウィンドウを小さくする
「Windows」+「M」	ウィンドウを最小化する

他人と差をつけたい！

応用ショートカット一覧 日常編

「Ctrl」＋「Shift」＋「N」	新規フォルダーを作る
「Alt」＋「Tab」	アクティブ・ウィンドウの切り替え
「Alt」＋「Enter」	プロパティを開く
「Alt」＋「F4」	アプリの終了 （どんなアプリでも可）
「Ctrl」＋「Q」	アクロバットリーダーの アプリ終了
「Ctrl」＋「W」	ウィンドウを閉じる
「Tab」	次の入力欄に移動
「Shift」＋「Tab」	1つ前の入力欄に移動
「Shift」＋「↑」「↓」「←」「→」	文節の範囲を指定
「Shift」＋「スペース」	半角スペースを入力
「Shift」＋「Delete」	ファイルやフォルダーの完全削除

2章

マウスを使わない快速エクセル術

エクセルは、ビジネスアプリの代表格。マクロや関数、ピボットテーブルなどを駆使した高度な使い方が必要な仕事の人もいないではありませんが、大多数の人にとっては、エクセルは基本的な操作ができれば十分。コツさえつかめば、それなりに使いこなすことができます。

ただし、作業の効率化という点では、人によって大きな差が出てしまうのもエクセルの特徴です。同じ数表を作成させても、それに要する時間は、人それぞれバラバラでしょう。本章に取り上げたようなテクニックを使える人は、周囲が驚くほどスピーディーに作業をこなすことが可能なのです。

つまり、周りと差をつける一番の早道がエクセル。

ちょっとしたテクニックやショートカットキーを覚えるだけで、何も知らない周りの人が、「どうしてそんなに高速で作業できるの？」と驚く、エクセルの達人になれるということなのです。

誰もがマウスで行う操作を「F2」で代用すると速い！

セルに入力したデータに加筆・修正したいとき、セルを選択して**そのまま入力を始めると、上書きして元のデータが消えてしまいます**ね。こういうときは、セルの編集モードにして、セル内にカーソルがある状態にしなければならない——これはみなさん、すでにご存じの通りです。

では、どうやってセルの編集モードにするのか。

多くの人は、セルをダブルクリックするか、セルを選択した後、数式バーの文字部分をクリックしているはずです。

しかし、このやり方だと、いちいちマウスに手を移さなくてはなりません。加筆・修正したいセルを方向キーで選んで、そのまま**編集モードに切り替えるショートカットキー**、それが**「F2」キー**です。「F2」キーを押すと、カーソルがデータの末尾に表示され、方向キーでカーソルを動かして、簡単にデータの加筆・修正ができてしまう、というわけです。

Point
マウスを使わないでも、セルのデータの加筆・修正ができる

「F2」キー ＝ セルの編集モードに切り替える

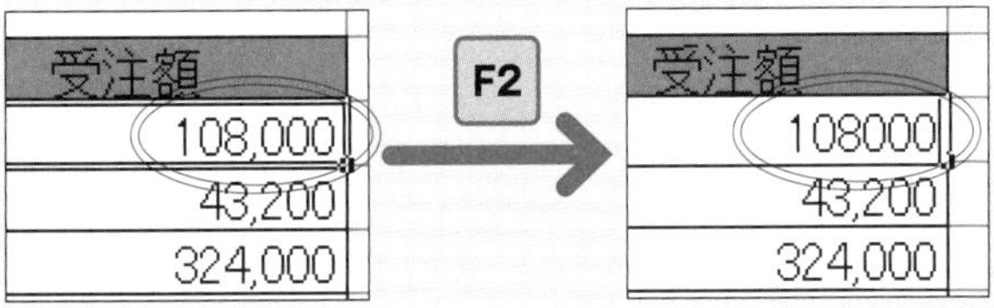

行・列を一瞬で選択する

セル内のデータの位置を中央揃えにしたいときなど、行・列単位で選択すれば、範囲指定の手間が省けて効率的です。ただ、行や列を選択するのに、いちいちマウスを使うのはやはり面倒。こんなときは、**行・列を一発で選択できるショートカットキーが便利**です。**「Shift」キー＋「スペース」キーで行。「Ctrl」キー＋「スペース」キーで列。**

これで、選択中のセルを含む行・列を簡単に選択できます。選択したら、**「Shift」キー＋方向キーで、複数の行・列を同時選択することも可能**です。

注意したいのは、「Shift」キー＋「スペース」キー。日本語入力がオンだと、半角の空白の入力になってしまうこと。使うときは、日本語入力をオフにする必要があります。

Point
キー操作一発で、
行・列を選択できる

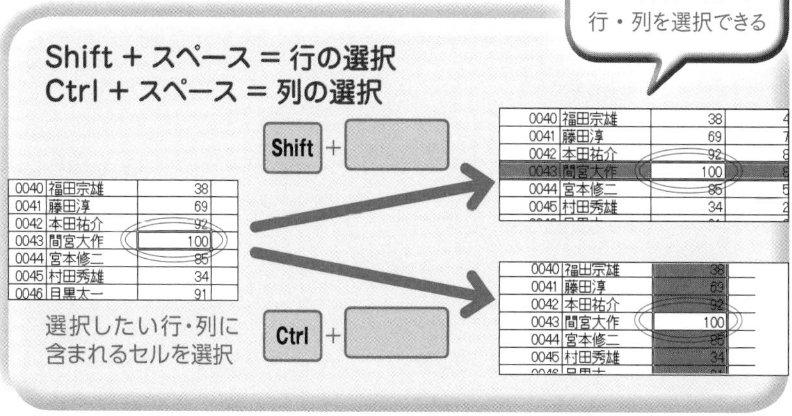

「Ctrl」＋「1」キーで書式設定

エクセルでは、行、列、セル単位で書式を設定することができます。表示形式、データの配置（中央揃え、上揃え、セルの結合など）、文字の色、大きさ、書体、セルの背景色、罫線などです。

これらは、リボンのツールボタンをクリックして変更することが可能ですが、いちいち**１つずつ変更するのは面倒**だと感じたことがあるはずです。繰り返しになりますが、マウスは細かい操作が苦手。なるべくマウスを使う作業量を減らすに越したことはないのです。

そんなわけで、書式をいくつか変更する場合、行、列、セルを範囲指定した後、右クリックして「行（列、セル）の書式設定」を選んでいる人も多いでしょう。そう、ツールボタンを使わなくても、**書式設定のメニューがタブごとに分けられた「書式設定」**画面がエクセルには用意されているのです。いちいちマウスのポインターを、ウィンドウ上部のリボンまで動かすのは面倒。右クリックは必要になるが、後のことを考えれば、書式設定画面を呼び出して、まとめてやったほうがいい、というわけです。

しかし、実はこの右クリックすら不要になるすごい操作があります。それが、**「Ctrl」キー＋「1」**。「１」はテンキーの「１」は不可ですので、注意してください。たったこれだけで、書式設定画面を表示できます。各設定にはマウスが必要になりますが、書式設定画面という狭い部分の中でのマウス操作なので、作業自

Point
数ある書式の変更が、まとめてできてしまう

「Ctrl」キー＋「1」＝「書式設定」画面を開く

左手の親指で **Ctrl** キーを押し、左手の中指で **1** を押す。

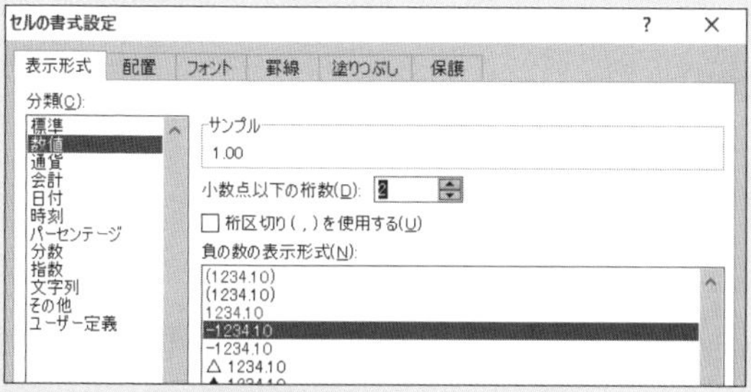

タブの移動は、 **Ctrl** ＋ **Tab** 左手でタブの移動、右手のマウスで指定

体はこちらのほうがはかどるはずです。

しかし、このテクニックの威力はそれだけではありません。

実は、A1、B3、C6……といういくつかのセルに同じ操作を繰り返す、といった場合に、この方法で書式変更すると、ぐっと効率がよくなるのです。どういう話か知りたい人は、100ページに進んでください。

マウスも方向キーも使わずセル間を自由に行き来する

エクセルでよくやる作業が、データの連続入力です。エクセルの表に順番に入力することは非常に多いのですが、1つのセルに入力した後、方向キーで次に入力するセルに移動する人をよく見かけます。

たかが移動に、いちいち手を方向キーに移すのは面倒。**「Enter」キーを押せば下のセルに移動**できるので、この方法でデータの連続入力を行っている人も多いでしょう。ただ、データの連続入力は、下へ下へと行うとは限りません。横長の表に、右へ右へと入力することもあります。

こんなとき、知っておくと役立つのが「Tab」キー。

「Enter」キーの代わりに**「Tab」キーを押すと、入力後、右隣のセルに移動**することができます。入力ミスをしたときなど、**セルを戻る場合に役立つのが「Shift」キー**。「Shift」キー＋「Enter」キーで1つ上のセル、「Shift」キー＋「Tab」キーで左隣のセルに移動できます。上下左右、どのセルに移動したいのか、自由自在に決められるので、入力がはかどるわけです。

さらなるテクニック、それが**「最初に、入力するセル全体を範囲指定する」**というものです。

例えば、「Enter」キーを押すと、下のセル、下のセル……と移動していきますが、問題は1列分のデータを入力した後。隣の列の入力に移る際、表の一番上までスクロールして、最初のセ

入力するセルを上下左右自由自在に移動する

Point
画面だけ見ながら連続入力。データ入力の速さが驚異的にアップ

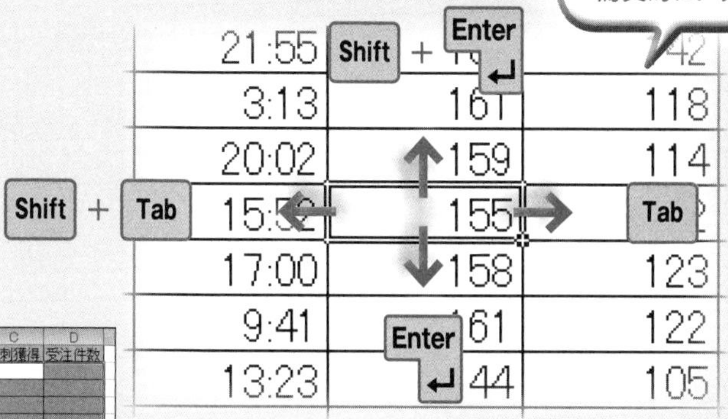

	A	B	C	D
1		訪問件数	名刺獲得	受注件数
2	3月1日	36		
3	3月2日	45		
4	3月3日	30		
5	3月4日	41		
6	3月5日	18		
7	3月6日	44		
8	3月7日	36		
9	3月8日	24		
10	3月9日	55		
11	3月10日	18		
12	3月11日	17		
13	3月12日	36		
14	3月13日	45		
15	3月14日	18		
16	3月15日	45		
17	月前半計	508	0	0

入力範囲を指定すれば、「Enter」キーで折り返して隣の列に移動できる

ルをクリックして指定しなければなりません。

しかし、最初に範囲指定しておくと、セルの移動は範囲指定された範囲で行われます。すなわち、**一番最後の行まで入力した後「Enter」キーを押すと、自動的に折り返して隣の列の先頭のセルに移動**できるのです。

このテクニックの応用で、最初に**1行を範囲指定して、「Enter」キーで横へ横へと連続入力**することもできます。「Tab」キーよりも「Enter」キーのほうが押しやすいので、左手の小指を伸ばして「Tab」キーを押すと効率が落ちる、という人は、この操作を行ったほうが快適に連続入力ができるかもしれません。

アクティブ・ウィンドウの切り替えもキー一発！

複数のウィンドウを開いて作業するとき、エクセルは少々やっかいです。それは、すべてのファイルが1つのエクセルのウィンドウ内に表示されてしまうから。例えば、エクセルのアンケート票を複数開き、やはりエクセルの集計表にコピペする場合、ウィンドウの周りにはみ出した**別のウィンドウをクリックしてアクティブにする、という「ちょっとしたこと」ができない**のです。

開いたすべてのウィンドウの中から、アクティブにするウィンドウを選んで切り替えるには、「Alt」キー＋「Tab」キーという操作があることはすでに書きました(60ページ)。これに対して、エクセル限定でアクティブ・ウィンドウを切り替える操作もあります。それが、**「Ctrl」キー＋「Tab」キー**です。例えば、エクセルのAファイル、Bファイルが開かれていれば、「Ctrl」キー＋「Tab」キーで、**Aファイルと Bファイルに絞って、アクティブ・ウィンドウの切り替え**ができる、というテクニックです。Xさん、Yさん……というアンケート票を、順に集計用のエクセルファイルにコピペするような場合、アクティブ・ウィンドウの切り替えをエクセル限定にするだけで、ずいぶん効率が変わります。

同様の作業は、ワードなどでも行うことがあります。アンケート内容が自由回答になっている場合です。これもコツしだいで大きく効率が変わる典型例です。

この場合は、**「Ctrl」キー＋「Alt」キー＋「Esc」キー**。

エクセルは「Ctrl」キー＋「Tab」キーで切り替え

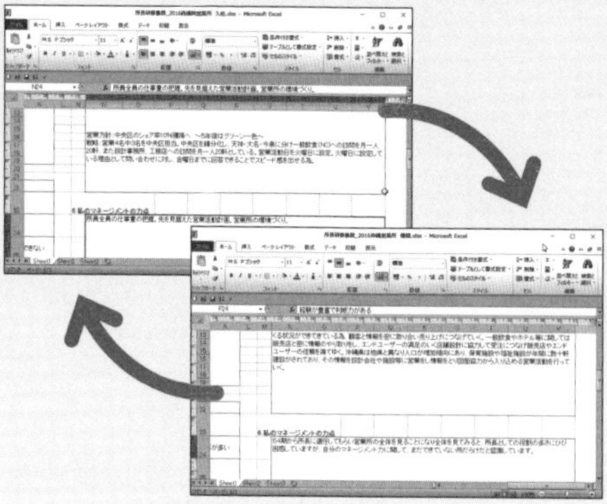

Point
アクティブ・ウィンドウの切り替えが効率化し、集計作業などがはかどる

Ctrl ＋ Tab ＝
エクセル限定でアクティブ・ウィンドウの切り替え

これは、**アクティブ・ウィンドウを最背面に移動し、２番目に上にあったウィンドウをアクティブにする**、というものです。この作業の際は、全員分のアンケート票と集計用のファイルをまず開きます。枚数が多い場合は、集計用ファイルだけ大きくずらして、すぐわかるようにするのがコツ。そして、集計用ファイルとコピペする分のアンケート票の間を、ウィンドウをクリックするやり方で切り替え、作業を行います。

そして、1人分のコピペがすべて終わったら、「Ctrl」キー＋「Alt」キー＋「Esc」キーで最背面へ。こうすれば、**作業ずみファイルが順に最背面に移されていき、どれが終わって、どれがまだ終わっていないかわからなくなった、ということがなくなる**ので、ファイルを確認する時間が不要。作業効率が一気に加速します。エクセルでも使えるとよいのですが、エクセルファイルを複数開いてある場合は、残念ながら使えません。

同じ操作を繰り返し行うのは「F4」で一発

エクセルでは、同じ操作を別のセルに対して繰り返し行うことがよくあります。例えば、受注一覧表の中で、納品ずみのデータのセルに背景色をつけていく、という場合です。

こんなとき、いちいちマウスのポインターを大きく移動させて、リボンのツールボタンをクリックするのは面倒です。**同じ操作を繰り返し行うのであれば、「F4」キー**——このキーを押せば、直前に行ったのと同じ操作を繰り返すことができます。

これだけでも、仕事の効率はずいぶん違ってくるはずですが、書式設定画面との相性が非常にいいのです。

例えば、セルの文字を①太字に変えて目立たせ、②中央揃えにする、という操作をリボンのツールボタンで行ったとします。ここで、同じようにしたい別のセルを選んで「F4」キーを押すと、直前にやった②の中央揃えにしかなりません。**複数の操作をやった場合、それぞれ別の操作とみなされてしまう**のです。

しかし、書式設定画面を開いて操作した場合は違います。

先ほどと同じ操作、セルの文字を①太字に変えて目立たせ、②中央揃えにする、という作業を書式設定画面で行い、最後に「Enter」キーで「OK」ボタンを押し、書式設定画面を閉じます。そして、別のセルを選んで「F4」キーを押すと、①太字に変えて目立たせ、②中央揃えにする、という２つの操作を繰り返してくれるのです。

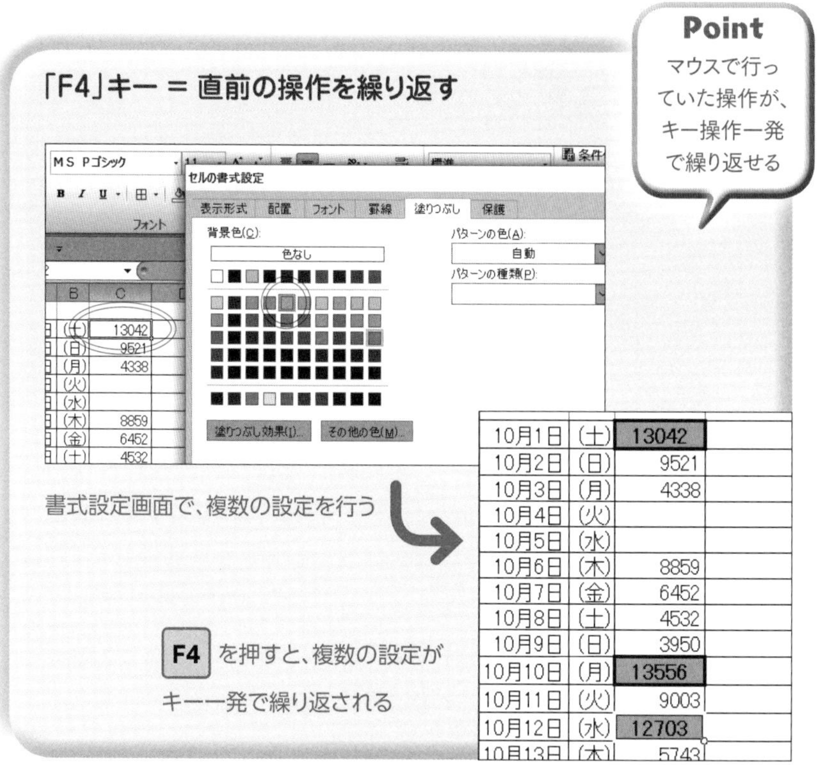

これは、③背景色をつけ、④罫線をつける、といったように、操作がいくつあっても変わりません。つまり、エクセルは、**書式設定画面で行った一連の操作を１つの操作とみなしてくれる、**ということです。

このことを知っておけば、エクセルデータの編集作業が一気にはかどるようになります。特徴のあるデータ箇所を目立たせて相手にわかるようにすることは、説得力のある文書作成に欠かせません。今まで面倒で、つい省略していた編集作業が身近になり、仕事の成果でも差がつくでしょう。

「挿入」「削除」も マウス要らず！

エクセルのテクニックは、実際にやってみると意外と簡単なのですが、説明を見ただけでは少々、難しく感じられたかもしれません。しかし、今回紹介する「挿入」「削除」の操作は、じつに簡単。今日からでもすぐ使いこなせて、仕事の効率アップに直結すること間違いなしです。

挿入・削除というと、右クリックが一般的なやり方です。しかし、細かい操作が苦手なマウスだけに、素早くできずイライラした経験のある人は多いでしょう。

その点、ショートカットキーを使えば、キーボードから手を離す必要もなく、思い立ったときに素早く挿入・削除を行うことができます。

そのショートカットキーとは、**挿入が、「Ctrl」キー＋「＋」、削除が「Ctrl」キー＋「－」**。

文字通り、挿入が「＋」で、削除が「－」ですから、すぐ覚えられるのがこの操作のいいところ。しかも、書式設定の「Ctrl」キー＋「１」と違い、テンキーの「＋」「－」を押してもかまいません。**テンキーでない「＋」（「；」）は、「Shift」キーを押さなければなりませんが、テンキーなら指１本**で簡単に押すことができます。

まず、挿入・削除したい行、列、セルを範囲指定し、挿入なら「Ctrl」キー＋「＋」、削除なら「Ctrl」キー＋「－」――たった

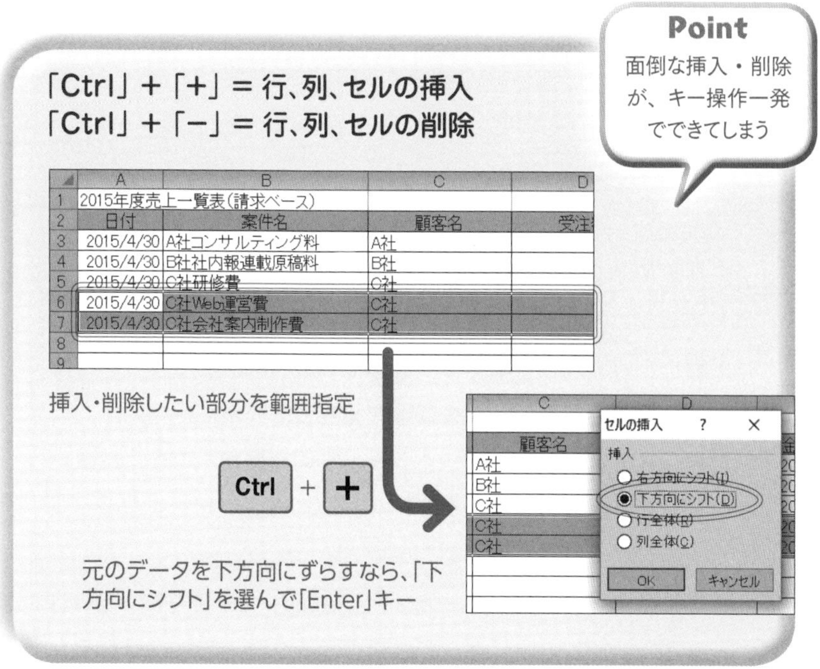

これだけです。

セルを範囲指定した場合、「右方向にシフト」「下方向にシフト」などのメニューが画面に現れますが、これを「↓」キーで選んで指定して、「Enter」キーを押します。行、列の挿入・削除なら、こうした画面が現れることもなく、一瞬で挿入・削除ができてしまいます。

セル指定のときに現れる画面のメニューには**「行全体を挿入（削除）」「列全体を挿入（削除）」**もあります。これらを選べば、そのセルを含んだ行、列の挿入・削除もできるということ。行、列を範囲指定するのが面倒な場合は、この方法ですませたほうが効率がいいかもしれません。

次のワークシートへ移動するのもキー一発！

エクセルのファイルには、複数のワークシートを保存することができます。東京本社、大阪支社、名古屋支社……、それぞれの売上表を１枚のワークシートに作成し、１つのファイルで保存するなど、**関連のあるデータを管理する場合に非常に便利**です。

ただ、画面に表示するワークシートを切り替えるのに、いちいちウィンドウ左下の「ワークシートタブ」をクリックするのが面倒だと感じている人は少なくないでしょう。

こんな場合は、**「Ctrl」キー＋「PageUp」キーで左隣、「Ctrl」キー＋「PageDown」キーで右隣のワークシート**へ、それぞれ移動することができます。この操作を使えば、面倒なワークシート間の移動が一気に効率よくできます。管理するファイルの数を減らし、うまく情報管理する上で欠かせないテクニックです。

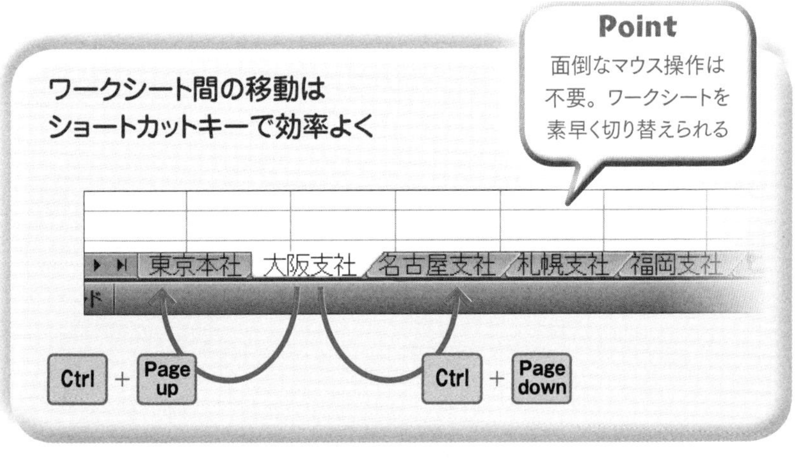

SUM関数を一瞬で入力する

エクセルにはたくさんの関数が用意されていますが、**圧倒的によく使うのは、合計を求める「SUM関数」**です。そのためか、リボンには「Σ」ボタンが用意されていて、これをクリックするだけで、合計が求められるようになっています。

ただ、「Σ」ボタンは、リボンの「ホーム」タブにあって、ずっと表示されているとはいえ、あるのは右の端っこのほう。マウスのポインターを大きく移動させなくてはなりません。これはこれで、かなりの手間です。

そこでご紹介するショートカットキーが、**「Alt」キー+「Shift」キー+「=」**。これで一瞬でSUM関数の入力を行うことができます。一見、難しそうですが、「=」は「Shift」キーを押して入力する文字なので、**実は「Alt」キーを押しながら合計を表す「=」を押す**ということ。2、3回使ったら、すぐに覚えられるはずです。

「Alt」キー + 「Shift」キー + 「=」 = 合計を求める

左手の人差し指で **Alt** 、
薬指で **Shift** を押しながら、
右手の薬指で **=** を押す

数式の入力が劇的に速くなる方法

エクセルで関数や数式を入力する場合、ちょっとしたルールがあります。そのルールとは、入力する先頭に「＝」をつけるということ。「＝ 3+4」と入力すると、セルには計算結果である「7」と表示されます。しかし、単に「3+4」と入力すると、セルにはそのまま「3+4」と表示されます。

「＝」は、テンキーにはなく、「Shift」キーを使わなくてはなりません。「＝」を入力するためだけに、ずいぶん効率を落としているのではないですか。

しかし、「＝」をつけずに関数や数式を入力できるテクニックがあります。しかもそれは、**式の先頭に「＋」「－」の符号をつける**だけ。先ほどの例なら、「+3+4」と入力すればセルには「7」と表示されるのです。

「＋」「－」はテンキーにもある文字。キー入力のスピードを落とさず、素早く式、関数が入力できてしまうのです。

Point
「Shift」キーが不要。数字入力の延長で式を入力できる

式の先頭に「＋」「－」をつける

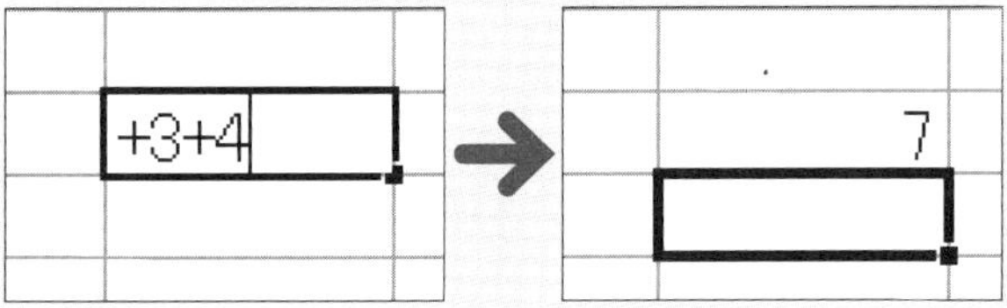

「F11」でグラフが一瞬にして完成

エクセルの魅力は、数表を作成したら、その数表をグラフ化できることです。ただ、数表を範囲指定した後、リボンの「挿入」タブ→「縦棒」「横棒」などのグラフボタンをクリックするのはやはり面倒ですね。

しかも、グラフの表示部分は小さいので、項目名などがうまく表示できないことも少なくありません。また、グラフをワードの報告書などにコピペする場合はいいとして、そのまま1枚の紙に大きくグラフを印刷する場合も面倒です。

こんなときは、グラフにしたい**データを範囲指定したら、「F11」キー**。たったこれだけで、「グラフ1」という**新しいワークシートいっぱいに、一瞬でグラフが作成**できます。グラフの種類が違っても、リボンの「グラフの種類」ボタンで指定するだけ。サッとグラフ化したいときに役立つテクニックです。

Point
グラフ作成が、キー操作一発でできてしまう

「F11」キー ＝ 一瞬で数表データをグラフ化する

顧客名	受注額
A社	108,000
B社	43,200
C社	324,000
C社	108,000
C社	100,000

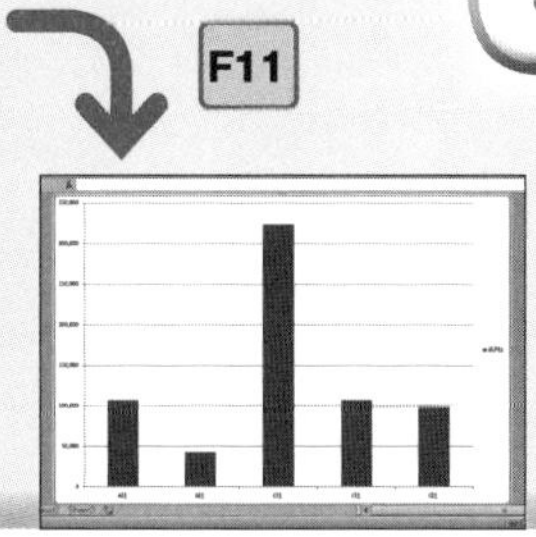

エクセルで「他のセル」を参照した後、素早く戻れる方法

エクセルでは、入力するセルの項目の確認など、他のセルを参照して確認することがよくあります。ワークシートを大きくスクロールし、確認した後、また大きくスクロールして元のセルに戻るのは、非常に面倒です。

こんなとき、別のセルを参照した後、素早く元のセルに戻れるテクニックがあります。

そのテクニックとは**「Ctrl」キー＋「BackSpace」キー**。

ここでしっかり理解しておきたいことがあります。それは、画面をスクロールして**ワークシートの別の場所を表示することと、別のセルを選択することとは違う**、ということ。

つまり、ワークシートをスクロールしても、それだけでは選択中のセルは変わりません。キーを打って､何か文字を入力すれば､選択中のセルに入力されます。これは、ワードやパワポでも同じで、ページをスクロールして別の場所を表示していても、キーを打つと、カーソルのある場所にサッと表示が切り替わって、文字が入力されます。

選択中のセルが空白なら、別のセルを参照した後、そのまま入力を行って、選択中のセルに戻ってかまいません。ただ、この方法だとセルに入力してあったデータは上書きされて消えてしまいます。そこで、選択中のセルに一切手をつけず、画面に表示するテクニックが「Ctrl」キー＋「BackSpace」キーなのです。

「Ctrl」キー + 「BackSpace」キー で選択中のセルに戻る

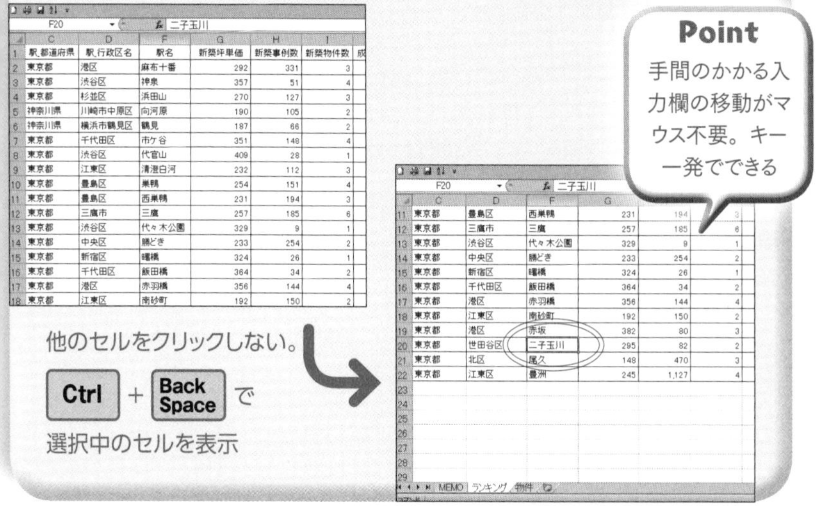

つまり、他のセルを参照するだけで、確認がすんだら元のセルに戻る、ということなら、他のセルをクリックして選択してはいけません。元のセルに一発で戻れなくなってしまいます。

この操作で残念なのは、「Ctrl」キー+「Home」キー、「Ctrl」キー+「End」キーなどで、移動すると、選択中のセルまで変わってしまうこと。スクロールの手間は省けますが、「Ctrl」キー+「BackSpace」キーが使えないのです。

ただ、戻るのが完成した表の途中だと、**もともと見ていたセルがどこなのか、探すのはかなりやっかい**です。スクロールはマウスのホイールまたはスクロールバーのドラッグで別の場所を表示し、元に戻るときに「Ctrl」キー+「BackSpace」キーを使うほうがはるかに効率アップにつながります。

日付の入力を効率よくすませる

数字の入力はテンキーが便利です。しかし、「4月1日」のように、数字と漢字が交じった文字列を入力するときは、テンキーとキーボードのホームポジションの間で手を動かさなくてはならず､面倒です。「4月1日」という日付を入力したいときは､「4/1」とすれば、自動的に「4月1日」と書式を変更してくれることはご存じの方も多いかと思います。

ただ、「2020/4/1」と入力しても、「2020年4月1日」とはなりません。この場合は、書式設定画面で表示形式を変更する必要がありますが、ついでに、**日付を曜日にする表示形式**も覚えておきたいもの。**「表示形式」の「ユーザー定義」→「aaa」**。日付をコピペし、表示形式を「aaa」とすれば、正しい曜日を表示できます。**カレンダーでいちいち曜日を確認する手間が省け**、日程表や工程表の作成が一気に効率化します。

Point

カレンダーを確認しなくても、正確な曜日を入力できる

曜日の表示形式は「aaa」

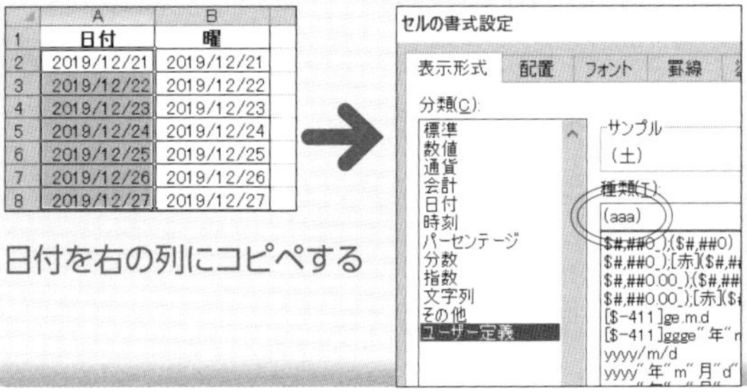

日付を右の列にコピペする

書式設定画面で「表示形式」タブ→「ユーザー定義」

「セル内で改行」する方法を知れば自由度が広がる

ビジネス文書の基本は、短く、簡潔に、読みやすく。ダラダラと文章を入力するのではなく、段落に区切ったほうがいいに決まっていますが、エクセルのアンケート票などに回答させると、かなりの割合で段落に区切らないで長い文章を書いてきます。あるいは、セルごとに段落を分け、数行分のセルに文章を書く人も少なくありません。

この理由は、セル内で改行するやり方を知らない、あるいは知っているが、やり方を忘れてしまったということでしょう。使っている人には当たり前でも、私の感覚値では、半分近くが知らない、使っていないのが実情です。

セル内で改行するには、「Alt」キー＋「Enter」キー。

これを使えるかどうかで**エクセルの自由度がまるで違ってきます**。また、ダラダラと読みにくい文章がスッキリ読みやすくなり、「伝える力」アップにもつながります。

Point
セル内で改行できれば、エクセルの自由度が一気に高まる

「Alt」キー＋「Enter」キー＝セル内で改行

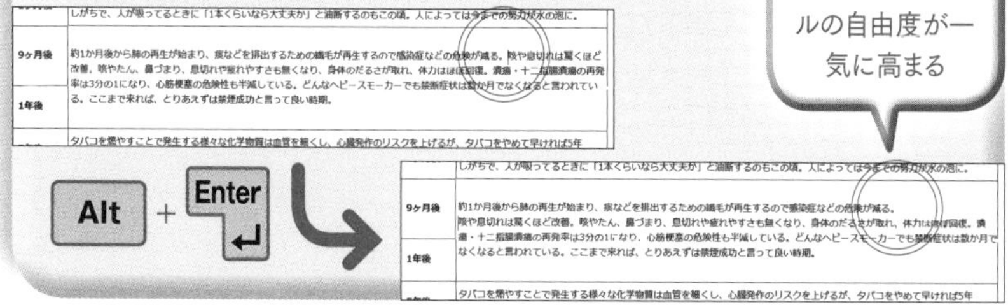

絶対マスターしたい！

基本ショートカット一覧 エクセル編

「Ctrl」＋「C」	コピー
「Ctrl」＋「V」	貼り付け
「Ctrl」＋「X」	切り取り
「Ctrl」＋「B」	太字にする
「Ctrl」＋「U」	下線付きにする
「Ctrl」＋「I」	斜字体にする
「Ctrl」＋「スペース」	書式を標準に戻す
「Ctrl」＋「F7」	単語登録
「Ctrl」＋「A」	すべて選択
「Ctrl」＋「Z」	操作の取り消し
「Ctrl」＋「Y」	「操作の取り消し」の取り消し

「Ctrl」＋「F」	検索する
「Ctrl」＋「S」	文書の（上書き）保存
「Ctrl」＋「P」	印刷
「Ctrl」＋「O」	文書を開く
「Ctrl」＋「N」	新規文書を開く
「Ctrl」＋「W」	ウィンドウを閉じる
「Ctrl」＋「D」	図形の複製
「Ctrl」＋「Home」	一番左上のセルに移動
「Ctrl」＋「End」	データ末尾の右端のセルに移動
「F2」	セルを編集モードに切り替える
「F11」	数表データをグラフ化
「Shift」＋「スペース」	行を選択
「Ctrl」＋「スペース」	列を選択

他人と差をつけたい!

応用ショートカット一覧 エクセル編

「Ctrl」+「1」	書式設定
「Ctrl」+「Tab」	アクティブ・ウィンドウの切り替え（エクセル限定）
「Ctrl」+「Alt」+「Esc」	アクティブ・ウィンドウを最背面に移動
「Ctrl」+「＋」	行、列、セルの挿入
「Ctrl」+「−」	行、列、セルの削除
「Ctrl」+「PageUp」	左隣のワークシートへ移動
「Ctrl」+「PageDown」	右隣のワークシートへ移動
「Ctrl」+「Backspace」	選択中のセルに戻る
「Alt」+「Shift」+「=」	SUM関数の入力（合計を求める）
「Alt」+「Enter」	セル内で改行

3章

マウスを使わない
快速ワード術

仕事では、報告書や提案書、ビジネスレターなど、ワードで文書を作成することがよくあります。

しかし、ワードに対しては、「基本操作である文字の入力さえできれば何とかなる」と簡単に考えている人が少なくないようです。実際、書籍や雑誌の記事、インタビューなどの依頼があると、「売れるのは、エクセル本。ワードの本は売れない」とよく言われます。

では、ワードの文書作成の時間に、人によって大きな差が出るのはなぜなのか？　文章力以上に、文書の体裁を整える作業をどれだけ効率的に行えるかが大きなカギを握っていることは間違いありません。

例えば、文書のタイトルを中央揃えにするとか、小見出しの書式を統一するとか……。見映えのいい文書がサッと作れるテクニックを紹介していきます。

文書の先頭・末尾に一瞬で移動できる

30ページでお伝えした通り、ワード、エクセルでは、「Home」「End」キーを押しても、行の先頭、最後に移動できるだけです。文書の先頭、最後に一気に移動するには、それぞれ**「Ctrl」キー＋「Home」キー、「Ctrl」キー＋「End」キー**を押す――つまり、「Ctrl」キーが追加で必要になるということです。

違いはたったそれだけ。**文書の先頭・最後、行の先頭・最後に自由自在に移動できるようになれば、スクロールの手間、カーソル移動の手間がなくなります**。ワード、エクセルは、道具立てが他のアプリよりもたくさん用意されているのです。

これだけの話だと、肩透かしを食らった気分になるかもしれません。実際のところ、ただカーソルを移動したり、スクロールしたりするだけでは、大して効率はアップしません。**カーソルの移動、スクロールという操作よりも、範囲指定のほうが「よくやる操作」**だからです。そこで、ワンポイントでもう1つ効率がアップするテクニックをお教えしましょう。

それは、「複合ワザ」。

範囲指定を行うショートカットキーは「Shift」キーです。例えばワードで、「Shift」キーを押しながら、「Home」キーを押すと、カーソルのあった場所から行の先頭までを一気に範囲指定できます。**「Shift」キーを押しながら、「Ctrl」キー＋「End」キーを押せば、カーソルのあった場所から文書の最後までを一気**

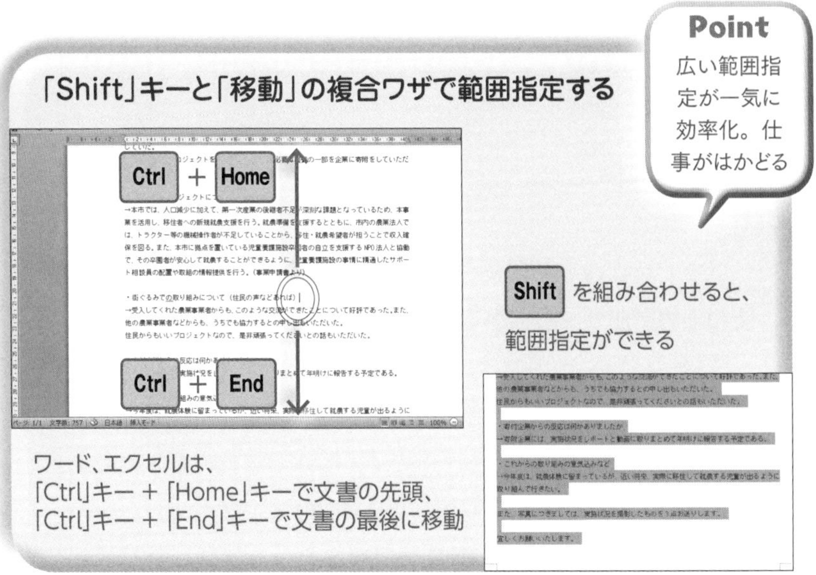

に範囲指定できます。

　このように、範囲指定の操作と、カーソルを移動する操作とは組み合わせて使えます。知っていれば、シナジー効果で仕事の効率を高めることができるわけです。

　マウスをドラッグして範囲指定する方法だと、ずっとスクロールしなければならない場合、かなりイライラさせられます。表示されている画面の下までマウスのポインターを動かすと、スクロールしてくれますが、ポインターがウィンドウの外に出てしまったりと、意外に手間取る作業です。こうした作業が一気に効率化できるのが、複数の操作を組み合わせる「合わせワザ」。ショートカットキーをよく使っている人でも、「合わせワザ」までは使っていないものなので、他人よりもはるかに短い時間で仕事が片づきます。

改行の連打は一発で解消できる

見やすい文書を作成するコツは、**章や節など、文書内の内容が変わる箇所がサッとわかるようにする**ことです。

文書は、なるべく1ページにまとめろ、というのは確かにその通りです。印刷したとき、紙をめくる必要がなくなるし、ひと目で全体がざっとつかめるからです。しかし、報告書や提案書など、とうてい1ページに収まらない場合はどうでしょう。

こんな場合は、「1ページには収まらないまでも、なるべく枚数を少なく」と考えてはダメ。**むしろ、ページ数を気にせず、ゆったりと余裕を持たせて、ページに詰め込みすぎない**ほうが読みやすく好印象な文書ができます。さらに、詰め込んで3、4ページの文書より、7、8ページの文書のほうが力作に見えるもの。それならば、読みやすく、力作に見える文書にしたほうが、いいに決まっているのです。

章や節など、内容の変わり目は、そのまま文章を続けず、改ページして、ページの先頭から始めるのがうまいやり方。しかし、「Enter」キーで何回も改行して、次のページの先頭にカーソルを持っていく人をよく見かけます。

これは、ムダな労力であるとともにミスが起こる元。文書を修正して1、2行ずれが生じると、内容の変わり目もページの先頭からずれてしまうからです。それを再度、修正していたのでは、時間がいくらあっても足りません。

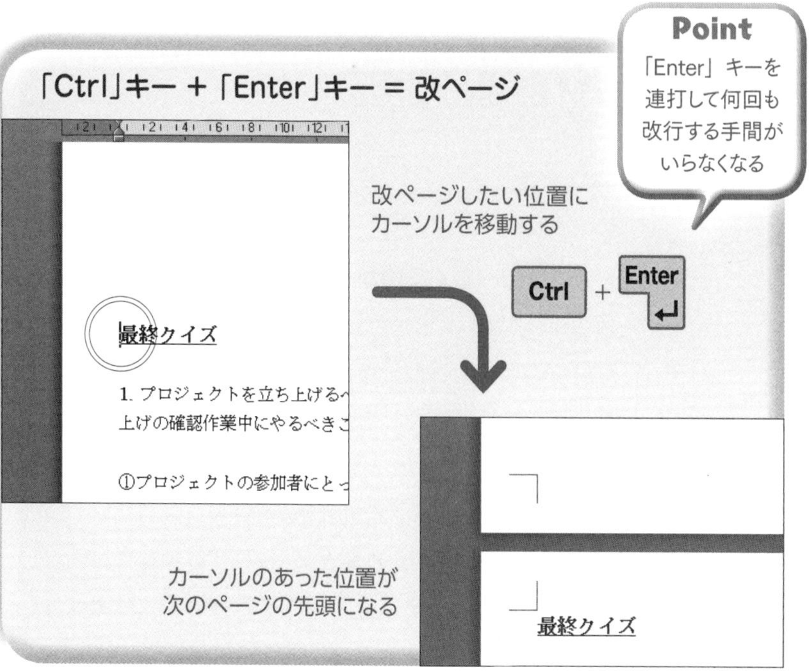

こんなときは、**「Ctrl」キー＋「Enter」キー**を押す。

――たったこれだけで、改ページが一瞬でできてしまいます。「Enter」キーを連打する必要もなければ、行がずれて、修正するという手間も不要になります。

研修で、受講生にレポートを作成させると、10人中8人はレポートの表紙の文字を打った後、「Enter」キーを連打しています。昔のワードならメニューバーから「改ページ」を選べばよかったのですが、今のリボン形式になって改ページの方法がわかりにくくなったからでしょう。

簡単な操作でありながら、長い文書を作成するときに大きな威力を発揮してくれます。

「Ctrl」＋「G」キーでスクロールを省力化

長い文書は、**スクロールするのがかなりの手間**です。

ワードの場合、「Ctrl」キー＋「End」キーで文書の最後、また最初に戻りたい場合は「Ctrl」キー＋「Home」キーで一瞬で移動できることは、すでに説明した通りです。

ただ、30ページある文書の真ん中くらいに移動したい場合にはこれらの操作は使えません。「PageDown」キー、「PageUp」キーを使えば、ほぼ1ページ分のスクロールができるので、マウスホイールをひたすら回し続けるという操作は不要になりますが、それでも効率はよくありません。

そこで、ワード（エクセルなども）には、**文書の指定した場所に一瞬で移動できる**テクニックが用意されています。それが「ジャンプ」です。リボンの「ホーム」タブの「検索」ボタン→「ジャンプ」で、「ジャンプ」画面を表示できますが、このやり方はやはり手間。もちろん、ショートカットキーが用意されているので、これを利用するのがうまい方法です。「ジャンプ」のショートカットキーは**「Ctrl」キー＋「G」**です。

「Ctrl」キー＋「G」を押すと、「ジャンプ」画面が表示されます。標準の状態では、ページ数を空欄に入力し、「Enter」キーを押せば、その場所に一気に移動できます。

このほか、**「セクション」「行」「コメント」「図」などでジャンプ先を指定することも可能**。セクションとは、文書をいくつかの

Point
長い文書をスクロールする手間が一気に省ける

「Ctrl」キー ＋「G」＝ジャンプする

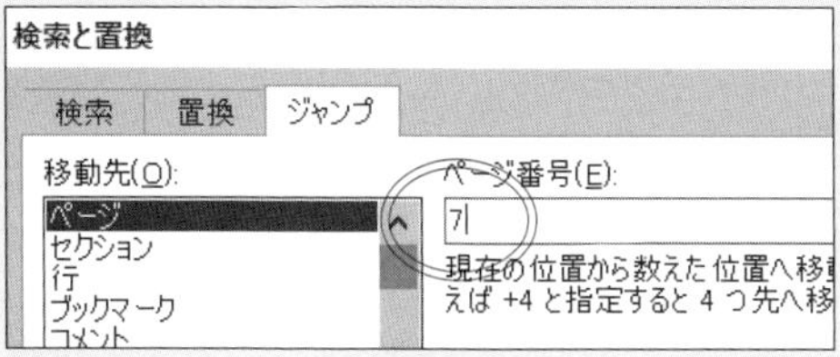

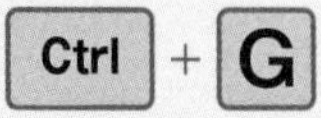

空欄にジャンプ先を入力し、「Enter」キー

※セクションの設定の仕方

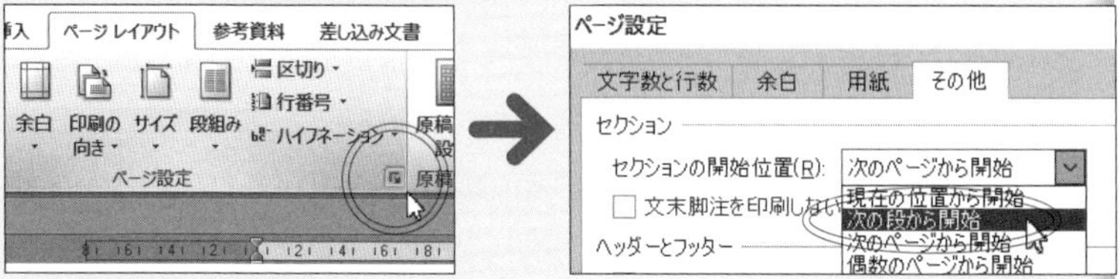

「ページ レイアウト」タブ→「ページ設定」→「その他」タブ→「セクション」を指定

グループに分ける機能で、通常ならヘッダー／フッター、段組み数などが文書全体で共通ですが、**セクションを使うと別々に扱うことができる**というもの。例えば、報告書を、①サマリー、②目次、③本編、④資料編といったセクションに分けておけば、違うヘッダー／フッター、違う段組みなどにできるほか、この「ジャンプ」機能で一発で資料編の最初に移動できるなど、文書を効率的に扱うことができます。

ただ、「ジャンプ」の一番お手軽ですぐ役立つ使い方は、ざっくり**「このあたり」**というページ数で移動し、その後、見たい場所までスクロールする、という**スクロールの手間省力テクニック**としてかもしれません。

文字の配置をキー操作一発で自在に変更する

ワードの文書作成で、意外に面倒なのが文字の配置です。

横書きの場合、標準の文字の配置は左揃えです。しかし、文書の件名は中央揃え、日付と作成者の所属・氏名は右揃え、結論部分は中央揃え……といった具合に、１つの文書内で文字の配置をしょっちゅう変更すると思います。

この場合、**文字を入力しているのに、いちいちマウスに手を移し、リボンのツールボタンをクリックするのはいかにも面倒**。試してみたら、文字の入力を再開するまで、4、５秒かかりました。大した時間ではないかもしれませんが、何回も繰り返す操作なので、１つの文書作成で数分の時間ロスになります。それ以上に、その面倒さからストレスを感じるのが問題です。

実は、文字の配置の変更は、キー操作一発でできます。

左揃えなら、「Ctrl」キー＋「L」。

右揃えなら、「Ctrl」キー＋「R」。

中央揃えなら、「Ctrl」キー＋「E」。

「Ctrl」キー＋「J」で、行の端から端まで均等に文字を配置する均等揃えというのもありますが、あまり使う機会はないでしょう。私自身も、一度も使ったことはありません。

左と右の「L」「R」は、「Left」「Right」の頭文字なので、すぐ覚えられるはず。問題は、中央揃えの「E」です。「Center」なら頭文字は「C」ですが、「Ctrl」キー＋「C」は、もっとよく

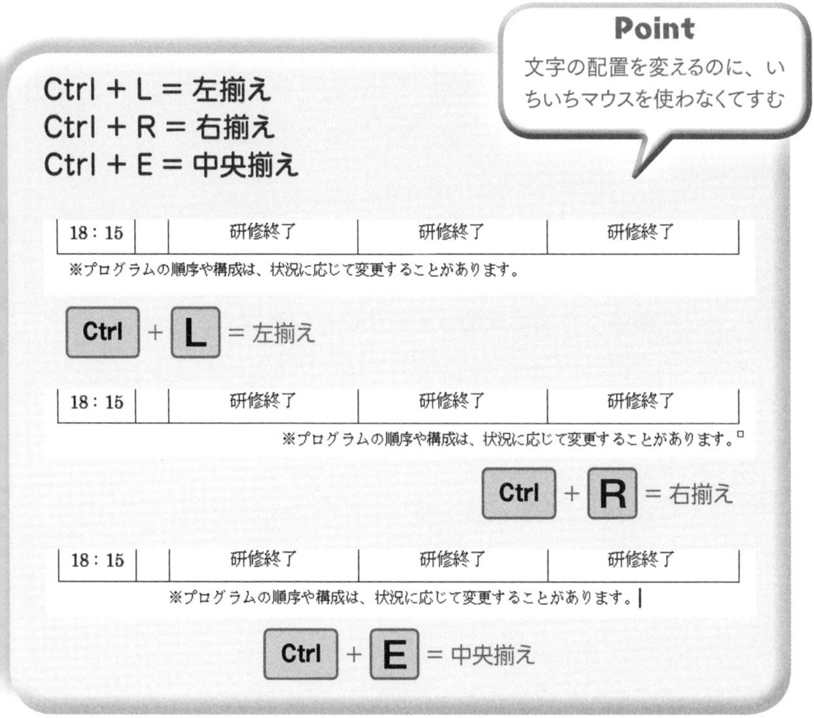

使うコピーに割り当てられています。なぜ「E」なのかの理由は諸説ありますが、「cEnter」(「C」がダメだから2文字目にした)の「E」だと覚えてください。

このテクニックをワードの章で取り上げたのは、**エクセルのセルの文字配置には、残念ながら使えない**からです。しかし、**エクセルでも挿入したテキストボックスの文字配置、パワポのテキストボックスの文字配置では同様に使えます**。特にパワポでは、テキストボックスごとに文字の配置を変えることが多い（キーワードやキーフレーズは中央揃え、説明文は左揃え）ので、非常に文書作成がはかどるようになります。

「Ctrl」＋「H」キーで置換も一発

文書を作成していて、**用字がまちまちに**なってしまったり、後になって**間違った言葉を使っていたことに気づく**ことがよくあります。例えば、「Windows」と「ウィンドウズ」が交じっている、「日本商事株式会社」を「株式会社日本商事」にしてしまった、といったケースです。

こんなとき、文書を見直して、1つずつ直していくのは大変な手間だし、漏れなく修正するのは難しいもの。こんなときは、すべてワードに任せてしまう――「置換」という機能です。

ワードの重要な機能の1つなのですでに使っている人が多いでしょう。が、わざわざマウスでリボンの「置換」ボタンをクリックしていませんか。そんなことをしなくても、**「Ctrl」キー＋「H」を押せば一発で、「置換」画面**を表示できます。入力欄の移動は「Tab」キー。これならまったく面倒でないので、気づいたときすぐに使えます。

Point
用字の統一、
誤字の修正が
一気にできる

「Ctrl」キー ＋「H」＝ 置換

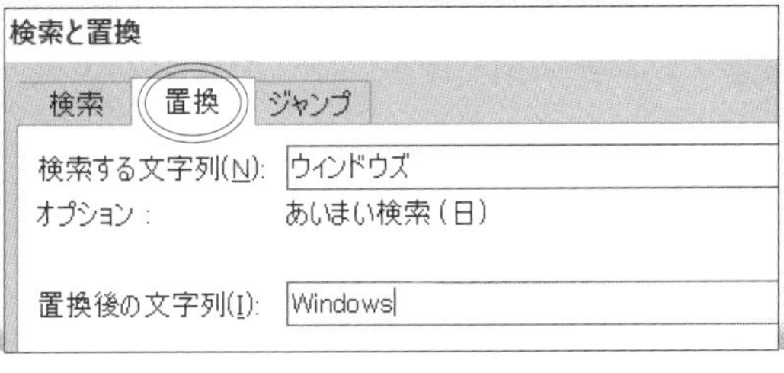

行の先頭を
きれいに揃える

ビジネス文書の鉄則は、箇条書きなどにして、簡潔に、どれとどれが並列の関係にあるのかがサッとわかるようにすることです。例えば、

時間	15：00 ～ 16：00
場所	本社6階第2会議室（第1会場）
	大阪支社5回第1会議室（第2会場）

といった具合です。ただ、「スペース」キーで空白を入力するやり方だと、箇条書きの文字の先頭がきれいに揃わず、イライラした経験はありませんか。また、「スペース」キーを連打する手間も大変です。

こんなときは、**「Tab」キー**。カーソルが**行の一定の位置まで一気にジャンプ**するので、簡単に先頭を揃えられます。

「Tab」キー ＝ カーソルを行の一定の位置に移動

＜持参するもの＞　　事前アンケート

　　　　　　　　　　第26期P/L資料

＜備考＞

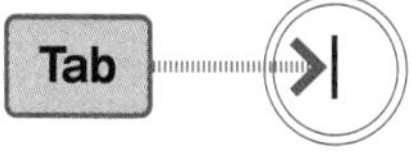

Point
「スペース」キーの連打が不要。文字の先頭がきれいに揃う

コピペを使って書式変更を一瞬ですませる

タイトルや見出しはもちろん、要点やキーワードなどを書式を変えて目立たせることは、ふだんからよくやる作業ですね。12ポイントと大きくし、MSP ゴシックなどの目立つ書体に変え、下線付きにし、赤い字にする、といった具合です。

ただ、**何種類も書式の変更を行うと、どういう書式の変更をやるのか、わからなくなる**ことがよくあります。本来、同じ扱いにするべきなのに、場所によってバラバラというのでは、見た目も悪く、伝わりにくい文書になってしまいます。

それだけではありません。

何種類もの書式の変更を文書の何カ所もやっていたのでは、時間がいくらあっても足りません。これでは、とても効率よく文書を作成することができません。

そこでご紹介したいテクニックが、**「書式をコピー&貼り付け」**するというもの。通常、コピー&貼り付けといえば、文字そのものや画像、ファイルなどです。しかし、**文字はそのままで、書式だけを「コピー&貼り付け」することができる**のです。

罫線や背景色など、エクセルは書式をセルごとに変えることが多いので、貼り付けの際、右クリックし「形式を指定して貼り付け」を選べば、「書式設定」だけを貼り付けることができます。しかし、残念ながらワードにはこの機能はありません。

ワードの場合は、コピーするときに、**「Ctrl」キー+「Shift」**

「Ctrl」キー＋「Shift」キー＋「C」＝書式のコピー
「Ctrl」キー＋「Shift」キー＋「V」＝書式の貼り付け

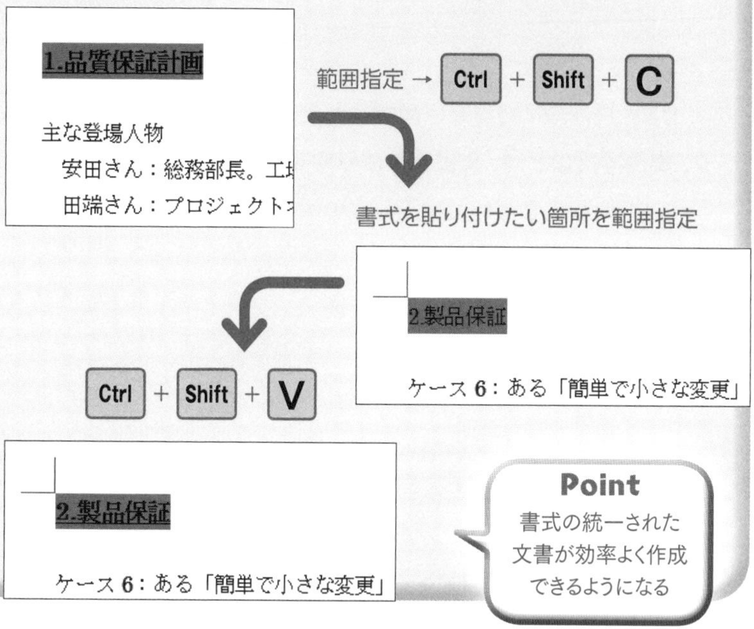

キー＋「C」と、通常のコピーに「Shift」キーを加えて押します。そして、貼り付けを行う際にも、**「Ctrl」キー＋「Shift」キー＋「V」**。

――これで、書式のコピー&貼り付けを行えます。**見出しや要点、キーワードなどの書式がきっちりと統一された見映えのいい文書を素早く作成できる**ようになります。

「神は細部に宿る」という言葉がありますが、周りの評価、そして仕事の成果は、こうしたちょっとした文書の仕上げ状態で、大きく左右されるものなのです。

写真&図解入りの文書を効率よく作成する

文字だらけの文書だと、読む気が失せるものです。**図解やグラフ、実例写真などは、文書をわかりやすくする有効な手段**ですが、イメージの写真など、文字だらけの圧迫感を和らげる上でも大きな効果があります。したがって、よほど簡潔な書類や契約書などのお硬い文書でない限り、写真や図、イラストを文書に盛り込みたいものです。

ただ、これらの画像を文書に盛り込むのが、意外に面倒だと思っている人は多いのではないでしょうか。

標準的なやり方は、リボンの「挿入」タブ→「画像」ボタンをクリックし、画像のファイルを選ぶというもの。**フォルダーを移動して、お目当ての画像ファイルを探すだけでも大変**です。

もっと簡単な方法はコピペ。画像ファイルを開いて、「Ctrl」キー+「C」でコピーし、ワードで「Ctrl」キー+「V」を押せば、画像の貼り付けを行うことができます。このやり方だとずいぶん楽。これで画像の貼り付けを行っている人が多いでしょうが、**いちいち画像ファイルを開くのが面倒**です。

もっと手っ取り早い方法は、**画像ファイルをそのままワード上にドラッグ&ドロップ**する方法。知らない人が意外に多いようですが、いちいちファイルを開かなくても、これで画像の貼り付けを行うことができるのです。

ただ、ドラッグ&ドロップだと、ワード文書のウィンドウを開

画像の挿入 = 画像ファイルをそのままコピー&貼り付け

方法1：画像ファイルをワード文書にドラッグ&ドロップ

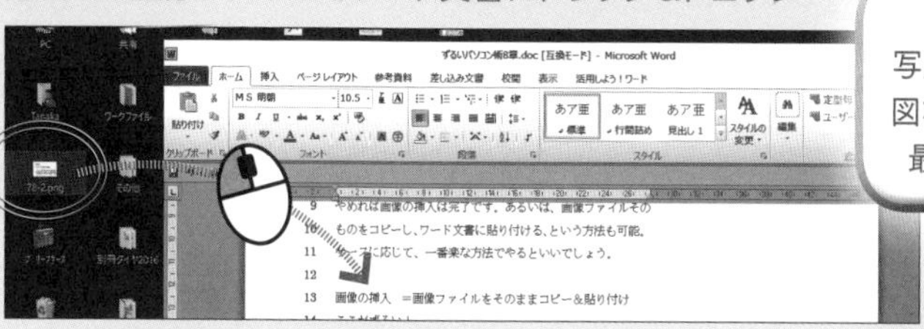

方法2：画像ファイルそのものを文書にコピー&貼り付け

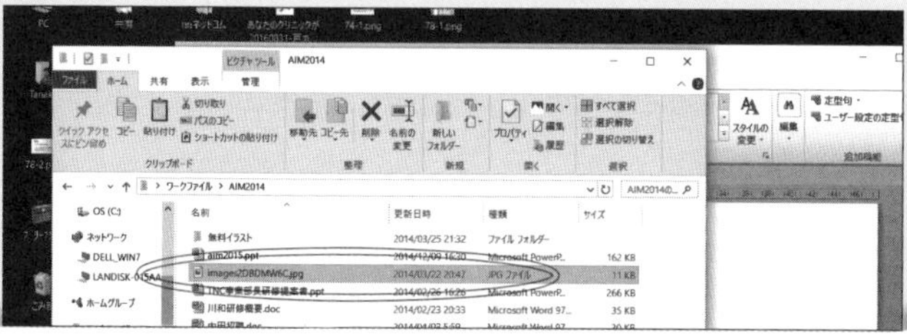

き、画像ファイルのあるフォルダーやデスクトップ上のファイルが見えるようにしなければなりません。これはこれで、ウィンドウの場所を移動したり、大きさを変えたりしなくてはならないので、思ったより面倒です。

こんな場合は、いったん**「Windows」キー+「M」でウィンドウをすべて最小化**して、画像ファイルを画面に表示。これをドラッグして、タスクバーのワードのアイコン上に置くと、ワードのウィンドウが元の大きさに戻ります。そして、ドラッグをやめれば画像の挿入は完了です。あるいは、**画像ファイルそのものをコピーし、ワード文書に貼り付ける**、という方法も可能。ケースに応じて、一番楽な方法でやるといいでしょう。

絶対マスターしたい!

基本ショートカット一覧 ワード編

「Ctrl」+「C」	コピー
「Ctrl」+「V」	貼り付け
「Ctrl」+「X」	切り取り
「Ctrl」+「B」	太字にする
「Ctrl」+「U」	下線付きにする
「Ctrl」+「I」	斜字体にする
「Ctrl」+「スペース」	書式を標準に戻す
「Ctrl」+「F7」	単語登録
「Ctrl」+「A」	すべて選択
「Ctrl」+「Z」	操作の取り消し
「Ctrl」+「Y」	「操作の取り消し」の取り消し
「Ctrl」+「F」	検索する
「Ctrl」+「S」	文書の(上書き)保存

「Ctrl」+「P」	印刷
「Ctrl」+「O」	文書を開く
「Ctrl」+「N」	新規文書を開く
「Ctrl」+「W」	ウィンドウを閉じる
「Ctrl」+「Shift」+「>」	文字を大きくする
「Ctrl」+「Shift」+「<」	文字を小さくする
「Ctrl」+「←」	カーソルを1単語分前に移動
「Ctrl」+「Backspace」	直前の誤変換確定を取り消す
「Ctrl」+「Home」	文書の先頭に移動
「Ctrl」+「End」	文書の最後に移動
「Ctrl」+「Enter」	改ページ

他人と差をつけたい！

応用ショートカット一覧 ワード編

「Ctrl」＋「G」	ジャンプする
「Ctrl」＋「L」	左揃え
「Ctrl」＋「R」	右揃え
「Ctrl」＋「E」	中央揃え
「Ctrl」＋「H」	置換
「Ctrl」＋「D」	図形の複製
「Ctrl」＋「Shift」＋「C」	書式のコピー
「Ctrl」＋「Shift」＋「V」	書式の貼り付け

4章

メール、Web、パワポでもなんでも快速化！

エクセルやワード以外にも、仕事でよく使うアプリがあります。
その代表格が、メールアプリやWebブラウザでしょう。
また仕事によっては、PDF文書を開くアクロバットリーダーやパワーポイントなども頻繁に使われています。
誰もが、出社したらメールをチェックし、インターネットで天気や最新のニュースをチェックし、わからないことがあればネット検索をします。とはいえ、メールチェックやWeb閲覧は、時間をかけ出したらきりがありません。生産的な仕事に使う時間を確保したければ、「すき間時間」を使って、短時間で切り上げることです。
しかし、メールをチェックして返信メールを何通か送ったら20～30分経ってしまった、というのが現実ではないでしょうか。これらを短時間で片づける方法を知れば、ほかの仕事に回せる時間が増え、残業を減らすこともできるのです。

メールの返信も キー操作で一瞬！

仕事で意外に時間を取られているものの代表格がメールチェックです。メールをチェックする際、いちいちマウスでメールをクリックしてプレビューに表示し、読んでいる人が多いのではないでしょうか。

しかし、メールチェックは、**左手はキーボード、右手でマウス操作という二刀流**ですませたいところ。メールの表示は、方向キーで選ぶのが一番かしこいやり方です。ただ、メールのスクロールは、マウスホイールで行うのが簡単——そこで、キーボードとマウスの二刀流というわけです。メールのチェック中、左手を遊ばせているのはもったいないし、マウス操作をスクロール限定にすれば、マウスのポインターを動かす必要がなくなるので、それだけでも時間短縮につながります。

「PageUp」「PageDown」キーでスクロールする方法もないわけではありません。ただ、アウトルックでこれらのキーを押すと、**スクロールされるのはメール一覧**。「Enter」キーを押して別ウィンドウを開くか、「Tab」キーでプレビュー画面を選択してようやくこれらのキーが使えるようになります。ウィンドウを閉じたり、「Shift」キー＋「Tab」キーでメール一覧に戻るのはかえって手間なので、あまり実用的でないでしょう。

そして、受信したメールに対して返信したり、転送したりする場合。いちいちリボンの**「返信」「転送」ボタンをクリックする**

「Ctrl」キー ＋「R」＝返信
「Ctrl」キー ＋「Shift」キー ＋「R」＝全員に返信
「Ctrl」キー ＋「F」＝転送
「Alt」キー ＋「S」＝メールを送信

Point
メールの返信、転送がキー操作だけで完結する

左手の小指で **Ctrl** を押しながら、人差し指で **R** 、**F**

Shift を同時に押すときは、左手の小指を寝かせて **Ctrl** **Shift** を同時に押さえる。この場合、人差し指で **R**

のは、やはり面倒です。こんなときは、返信なら、「Ctrl」キー＋「R」（Return や Reply の頭文字。諸説あり）、全員に**返信なら、「Ctrl」キー＋「Shift」キー＋「R」、転送なら、「Ctrl」キー＋「F」**（Forward の頭文字）を押せば一発。

マウスはあくまでスクロールに徹すること。そうすれば、右手をマウスの上において、人差し指を動かすだけでよく、ほとんど動かす必要がなくなります。そして、メールを書き終えていざ**送信となったら、「Alt」キー＋「S」**（Send の頭文字）で OK。意外に時間を取られているメールチェックも、これで一気に効率化するはずです。

メールでも「Tab」キーは大活躍

入力フォームの入力欄の移動は、「Tab」キーのみですますことができます。

この**「Tab」キーを使った移動テクニックは万能**です。

エクセル、ワード、パワポの各種設定画面、例えば、「置換」画面で、次の入力欄に移動するときにも使えます。

そしてもちろん、「宛先」「CC」「件名」「本文」といった、メールの入力欄の移動にも使えるのです。**メール作成において、この「Tab」キーは不可欠な操作**と言ってもいいくらいです。

というのも、返信・転送メールを、ショートカットキーですませても、**入力欄を移動するときにマウスを使ったのでは、何のためにショートカットキーを使ったのかわからない**からです。キーボードとマウスの間で、手の行き来をさせると、その瞬間に大幅に効率が落ちてしまいます。入力欄の移動をマウスでやると、すべての操作をキーボードで完結させることにはならないから、せっかくの効果が半減してしまうのです。

例えば、返信メールを打つ場合、最初にカーソルが現れるのは、本文欄です。件名は、「Re：~」と、元の件名を生かしたものになります。通常は、このままでも失礼に当たらない、いやむしろ、どのメールに対する返信なのかが、ひと目でわかるので、変にいじらないほうがいいくらいです。

しかし、メールアドレスの入力が面倒なので、過去にもらった

Point
マウス操作が不要。素早くメールを送信

「Tab」キー ＝ 次の入力欄へ
※本文欄から宛先への移動はできない

「Shift」キー ＋「Tab」キー ＝ 1つ前の入力欄へ

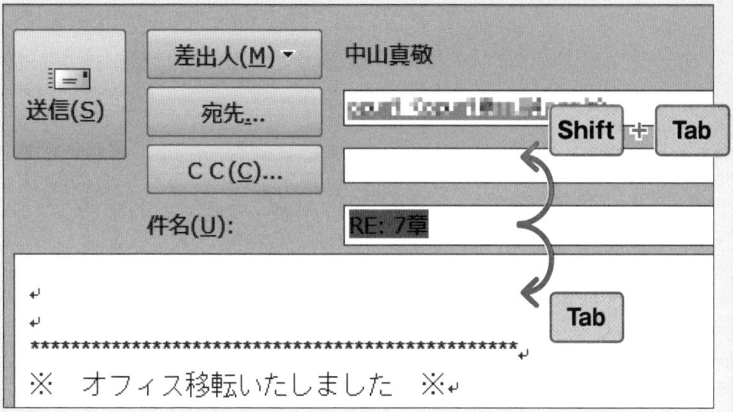

メールを探して、これに返信する方法で、メールを作成することは非常に多いもの。そうなると、件名を変更しないと、相手も用件が何か、サッとわかりません。

ただ、本文欄にカーソルがある状態で、「Tab」キーを押しても、カーソルが一定の間を空けてジャンプするだけで別の入力欄には移動できません。こんなときは、**「Shift」キー＋「Tab」キー。1つ前の入力欄に移動するテクニック**は使えます。

そして、件名の入力が終わったら、「Tab」キーで本文欄へ。この場合、「Enter」キーを押しても、本文欄に移動できますが、「宛先」→「CC」→「件名」と、汎用性が高いのは、「Tab」キー。**1つ覚えれば、幅広く使えるテクニックを使うべき**です。

定型文の使いまわしがうまくなる「署名」活用術

どんなに入力が速い人でも、**なるべく文章は打たないほうが効率がいい**に決まっています。

コミュニケーションをないがしろにしろと言っているのではありません。振り返ってみれば、私たちは同じような文章を、繰り返し書いています。特に、メールにおいては。

> いつもお世話になっております。
>
> 海山商事の山田です。
> 先日は、お忙しいところ、お時間をいただき、
> 本当にありがとうございました。

こうした**決まりきった文言を繰り返し打つのは、いかにも時間のムダ**です。しかし、「署名」機能を使えば、この手間を一気に省くことができます。

聞いて、ぴんと来なかった人が多いと思います。というのも、**私たちは「署名」という名前に先入観を持ってしまっている**からです。「署名」とは、新規メール（返信、転送を含む）に、名前、連絡先などの登録した文面を自動的に挿入するもの。しかし、一緒に、「いつもお世話になっております。海山商事の山田です～」といった決まりきった文言も加えておくことも、もちろん可能で

Point
メール作成の際の入力作業が一気に軽減される

繰り返し入力する文面も「署名」に登録

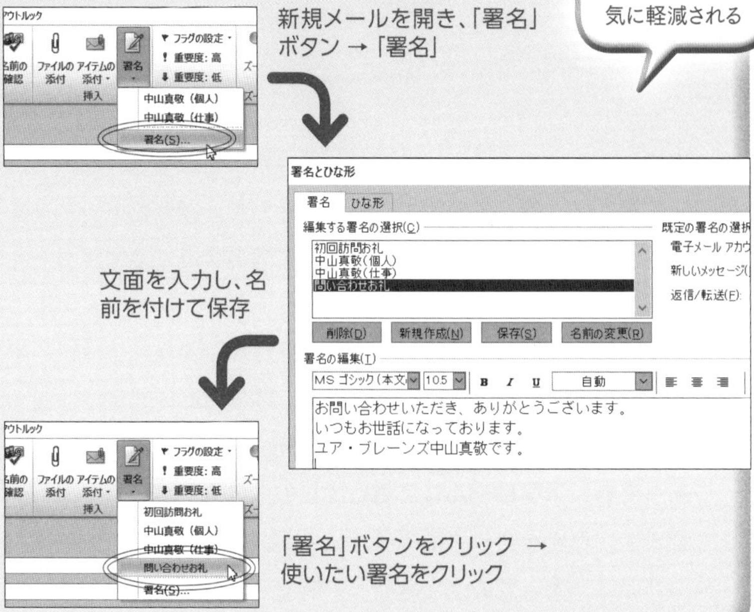

す。そうすれば、入力の手間が大幅に省けます。

　しかも、**「署名」で登録できる文面は、1 つだけではありません。**「初回訪問お礼」「問い合わせお礼」など、いくつかのパターンを用意しておくと、さらに効果的です。

　作成メールのリボンの「ホーム」タブに、「署名」ボタンがあり、これをクリックすると、複数の署名が登録されている場合は一覧で表示されるので、使いたい署名をクリックして選ぶだけです。「備えあれば憂いなし」と言いますが、署名に登録しておけば、繰り返し同じ文面を打つ手間が不要になるのです。

メールの検索は「Ctrl」＋「F」ではなく「E」キー！

迷惑メールや広告メールは別にして、ほとんどの人は受信したメールをずっと残しているでしょう。そして、残したメールを探して、内容を確認したり、そのメールに返信するかたちでメールを送ったりしているはずです。

しかし、仕事では、大量のメールを受け取ります。少ない人でも１日３、４通、多い人なら、数十通、数百通というメールをもらっているでしょう。そうなると、**「先週くらいの受信メール」であっても、スクロールして探し出すのは大変**です。

そこで、こんなときに活用したいのが、アウトルックの検索ボックス。メール一覧の上にある入力欄です。

ここに差出人の名前や案件名など、メールに書かれているであろう言葉を入力して検索すれば、メール一覧がその条件を含むものだけに絞られる、という仕組みです。いちいち検索を表すアイコンをクリックしなくても、言葉を入力すれば、即その検索結果が表示されます。

ただ、この検索ボックスをマウスでクリックして、カーソルを表示し、キーボードに手を移して差出人の名前や案件名などを入力、というのはやはり面倒です。**「Ctrl」キー＋「E」を押せば、サッと検索ボックスにカーソルが表示**されます。

実はこの操作、覚えなくてもすぐ使えます。その理由は、アウトルックの検索ボックスに、**薄い文字で「受信トレイの検索**

Point
マウスを使わず
過去のメールの
検索が可能

「Ctrl」キー ＋ 「E」 ＝ 受信トレイの検索

※「送信済みアイテム」を選択中なら、「送信済みアイテムの検索」となる

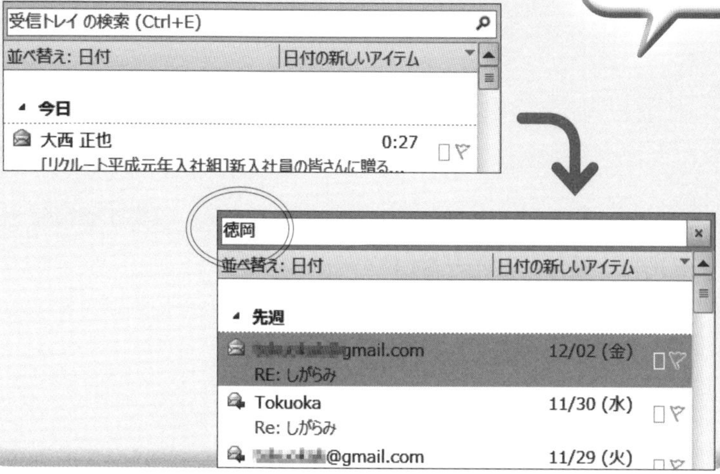

(Ctrl+E)」と書いてあるからです。おそらく、他のアプリでは使える「Ctrl」キー＋「F」が、メールの転送という別の機能に割り当てられているからでしょう。

　このテクニック、すぐ使える場所にあるのに、あまり使われていない理由は、入力した文字列を含むメールしか、検索結果に表示してくれないという誤解があるからかもしれません。確かに、メールの差出人は、「TOKUOKA」「徳岡」など、どう書かれているかは覚えていないものです。

　しかし、**差出人名が「TOKUOKA」であっても、「徳岡」で検索すれば、検索結果に表示してくれます**。本文や署名の文字も検索の対象にしてくれるからですが、**簡単に使えて、即、時短につながる**ので、ぜひ使ってみてください。

Webのスクロールも
マウスは触らず「スペース」キーで

仕事ができる人とそうではない人の違いは、「情報力」にあります。

といっても、インターネットが普及した今日、**収集する情報そのものに、差はほとんどない**でしょう。Googleなどで検索をかければ、あっという間に知りたいことを探し出すことができるのですから。本当に便利な時代になりました。

では、どこで差がつくかといえば、それはやはりスピード。5分、10分で情報収集をすませてしまう人と、30分、60分と時間をかけてしまう人とでは、仕事の成果に差が出るのも当然です。どうすれば**Webで情報収集する速さを加速できるのかと言えば、それは画面をスクロールする速さ**です。

ほとんどの人は、Webをスクロールするのに、マウスホイールを使っているはずです。確かに、リンクのクリックなど、Web閲覧はマウスを使うことが多いので、操作の主役はマウスです。ただ、ずっとスクロールしていて、いい加減面倒に感じたことはないでしょうか。また、**大きくページをスクロールする際、まどろっこしい**思いをしているはずです。

この操作をもっと速く、快適に行えるテクニックが「スペース」キー。**「スペース」キーを押すと、ほぼ1ページ分、Webページを下にスクロール**できます。ほぼ1ページ分、上にスクロールする場合は、「Shift」キー＋「スペース」キーです。この操作は、

スクロールは、「スペース」キーで一気にはかどる

Point
スクロールの手間をカット。
情報収集が加速

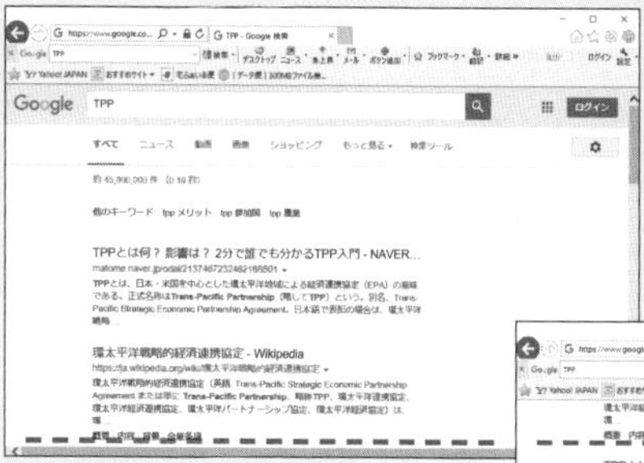

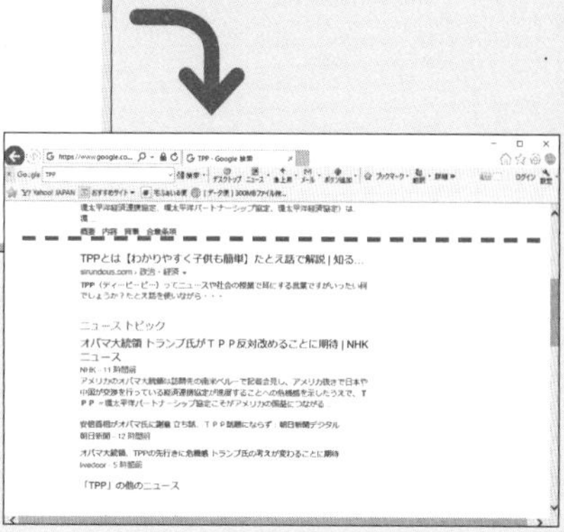

「スペース」キーで「ほぼ1P分」スクロールできる

エッジでも、インターネットエクスプローラーでも、Google Chromeでも、共通して使えます。

「PageDown」「PageUp」キーでも、同じことができますが、私はあえて「スペース」キーをお勧めします。その理由は、**「スペース」キーのほうが押しやすい**キーだから。いちいち押すキーを探しているようでは、快適な操作とは言えませんから。

何より、Web閲覧の操作はマウスが中心。マウスを操作する右手はずっとそのままがいいに決まっています。そうなると、キー操作するのは左手。左手で押すなら、「スペース」キーが圧倒的に便利なのです。**右手のマウスと左手の「スペース」キー**——この二刀流で、スクロールが10倍速くなり、情報収集のスピードが一気に高まるというわけです。

Webブラウザのページ移動もキーボードで操作

ブラウザの操作は、リンクのクリックが大部分を占めます。したがって、マウスを使わざるを得ないのですが、それでも、マウスのポインターを大きく動かす操作をやめるだけで、かなりの労力を節約することができます。

例えば、ウィンドウ上部の「戻る」「進む」ボタンや「お気に入り」「ホーム」ボタンのクリックです。**ブラウザの操作は、左手でキーボード、右手でマウス**、というのが基本。ショートカットキーをいくつか覚えるだけで、一気に快適化します。

まず、**ページの移動関連の操作は、「Alt」キー。「Alt」キー＋「←」で前のページ、「Alt」キー＋「→」で次のページに移動できます。そして、「Alt」キー＋「Home」キーで「ホーム」ページ**に戻れます。基本はこの3つ。

次に、「お気に入り」や「履歴」を表示する操作ですが、それぞれ**「Ctrl」キー＋「I」、「Ctrl」キー＋「H」**。これを覚えておけば、「Ctrl」キー＋「D」でお気に入りに登録した後、「お気に入り」を開くために、いちいちマウスを大きく動かす必要がなくなります。

新しいタブを開くショートカットキーは、**「Ctrl」キー＋「T」**。リンク先を別のタブで開きたければ、「Ctrl」キーを押しながらリンクをクリックすればすみますが、Web閲覧中に、ふと別のことが気になり、調べたくなることがよくあります。こんなとき

左手でキーボード、右手でマウスが基本

Point
マウスはリンクとスクロールのみ。二刀流で効率大幅アップ

ブラウザのおもなショートカットキー	
Alt ＋ ←	前のページに移動
Alt ＋ →	次のページに移動
Alt ＋ Home	「ホーム」ページに戻る
Ctrl ＋ I	「お気に入り」を表示
Ctrl ＋ D	「お気に入り」に追加
Ctrl ＋ H	「履歴」を表示
Ctrl ＋ T	新しいタブを開く
Ctrl ＋ W	タブを閉じる
Ctrl ＋ Shift ＋ T	直前に閉じたタブを開く

は、別のタブで開けば、閲覧中のページをそのまま残しておくことができます。

そして閲覧が終わって、タブを閉じたければ、**「Ctrl」キー＋「W」**。これは、「Window」の頭文字で、タブを別々のウィンドウとみなし、「ウィンドウを閉じる」ということ。アクロバットリーダーなど、このテクニックでウィンドウが閉じられるアプリはたくさんあります。

もし、閉じるつもりがなかったウィンドウを誤って閉じてしまったら――こんなときも心配はご無用です。**「Ctrl」キー＋「Shift」キー＋「T」で、直前に閉じたタブを再び開く**ことができます。このテクニックを使えば、いちいち履歴を開いたりして、再度開きなおす必要がなくなり、効率がアップします。

「お気に入り」をもっと活用すれば仕事ははかどる

ポータルサイト、乗り換え案内、ウィキペディア、業界情報のサイトなど、「よくアクセスするWebページ」がありますね。これらは、「お気に入り」に登録しておけば、簡単にアクセスできるので便利です――そのことは、みなさんご存じですね。

しかし、「お気に入り」の活用術は、それだけではありません。**「お気に入り」と訳されていますが、元は「Bookmark＝本にはさむしおり」**のこと。注目ニュースや、ビジネス解説記事、提案書に引用できそうな記事など、**「とりあえず、見たいときにすぐ見られるようにしておきたい」というページは、どんどん登録する**のが正しい使い方なのです。

「でも、お気に入りに登録するのが面倒。検索すればすぐ見つかるのだから、それで十分」という人がいるかもしれません。しかし、検索にはそれなりの時間がかかります。また、以前検索したページが、なかなか見つからないこともあります。検索結果はそのつど変わるし、検索したキーワードが思い出せないこともあるからです。

その点、お気に入りに登録すれば、すぐ開けます。しかも、簡単に登録する方法があります。それが、**「Ctrl」キー＋「D」**。エッジでも、インターネットエクスプローラーでも、Google Chromeでも使えます。これを押せば、開いているページをお気に入りに登録できるのです。

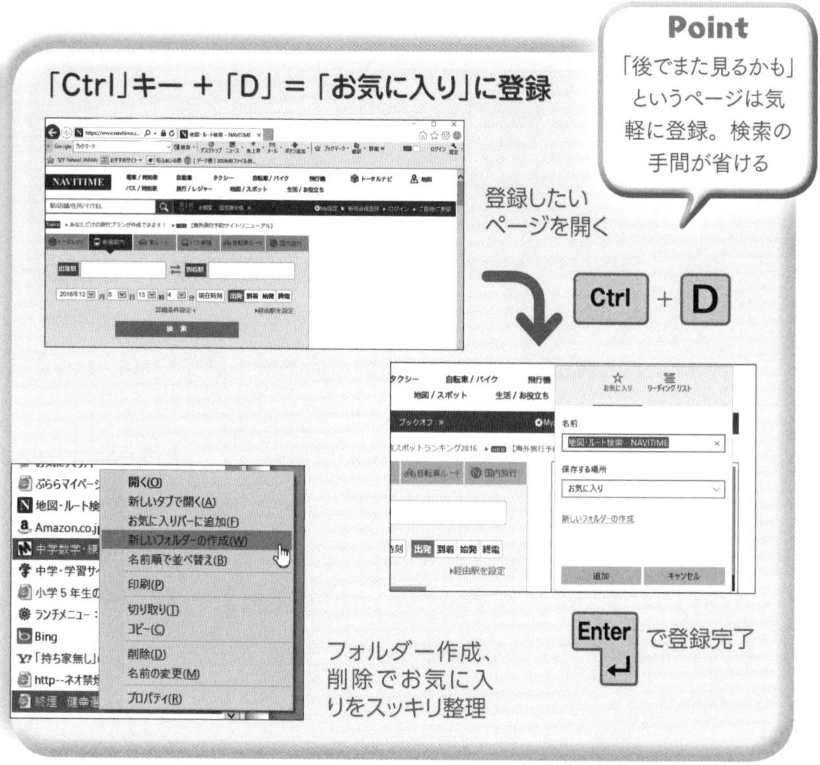

この方法で、お気に入りにたくさん登録すると、お気に入りの中からお目当てのページを探すのが大変だと思うかもしれません。しかし、お気に入りを表示して**右クリックすると、フォルダーを作成できます**。「X社提案書」などとフォルダー名を付けて、**関連するものをまとめれば、スッキリ整理**できます。また、**ドラッグして表示する順番を入れ替える**こともできるし、用ずみのページは、**右クリック→「削除」で簡単に削除**できます。もっと気軽にお気に入りを使えば、いちいち検索して探す手間が大幅に省けるのです。

最新情報への「更新」も「Ctrl」＋「R」で一発

ヤフーなどのポータルサイトは、**時々刻々とコンテンツが変化**していきます。ニュースに限らず、株価情報や天気予報、電車の運行状況など、**外出する直前に最新の情報をチェック**することが、みなさんもよくあるのではないでしょうか。

そんなとき、ブラウザのツールボタン（エッジの場合）やアドレスバー（インターネットエクスプローラーの場合）の更新ボタンをクリックするのは面倒です。繰り返しになりますが、マウスは細かい操作が苦手。しかも**ウィンドウの上部までポインターを移動するのは、かなりの距離がある**からです。

もちろん、ブラウザの表示を最新のものに更新するショートカットキーはあります。しかも2つも。

1つ目は、**「Ctrl」キー＋「R」**。「R」は「Reload（再読み込み）」の頭文字。「Repeat」や「Reform」などの言葉もあるので、「Re」が「再」の意味であることは何となく知っていたと思います。つまり、このテクニックは、覚えやすいのが最大の長所。聞いたらすぐ覚えられるはずです。

ただ、**「Ctrl」キー＋「R」は、少々押しにくい**キーであることは確か。左手の小指で「Ctrl」キーを押さえ、左手の人差し指を「R」に伸ばすのが難しいという人は多いと思います。ブラウザを使う基本姿勢は、左手の小指を「Ctrl」キーにのせておき、右手でマウスを操作。メールの返信など、そのままキー入力を行

Point
いちいちマウスを使わなくても最新の情報をチェックできる

「Ctrl」キー ＋「R」／「F5」キー
＝ブラウザの更新

左手の小指で **Ctrl** を押しながら、左の人差し指で **R** 。
押しにくければ左手の好きな指で **F5** 一発

う場合は、「R」を右手で押してもかまいませんが、ブラウザの場合は、そういうわけにもいきません。

そこで、用意されている**もう１つのテクニックが「F5」キー**。

これなら、左手の指１本で簡単に押すことができます。ただ、「Fいくつだっけ」と忘れがちで、覚えにくいのがこちらの難点です。

実際、私もしばらくは、覚えやすい「Ctrl」キー＋「R」のほうを使っていました。しかし、ヤフーのプロ野球速報で更新しているうちに面倒になり、指１本で押せる「F5」キーをもっぱら使うようになりました。**覚えにくいといっても、繰り返しやっていたら、自然に覚えてしまう**ものです。

どちらが好みかは人それぞれですが、最新の情報をチェックできるブラウザの更新ワザは、忙しいビジネスパーソンにとって必携のテクニックでしょう。

面倒なPDFの回転も瞬時に解決

今やPDF文書は、仕事に欠かせません。Windowsパソコンだけでなく、**Macでも、スマホでも、タブレットでも同じように閲覧できる**のが最大の長所です。受け取ったPDF文書をアクロバットリーダーで読むだけではなく、**エクセル、ワード、パワポは、リボンの「ファイル」タブ→「エクスポート」メニュー→「PDF/XPSドキュメントの作成」ボタンで、簡単にPDF文書を作成**できます。PDF文書は、第三者が勝手に変更できないので、見積書や契約書などには不可欠。現代ビジネスパーソンの必須スキルと言ってよいでしょう。

PDFといえば、複合機でスキャンした書類、メールで送られてきた文書が、A4縦の文書なのに、A4横で画面に表示される、といったことがよくあります。これをいちいち、メニューバーの**「表示」→「表示を回転」→「右90度回転」(「左90度回転」)を選ぶのは、じつに面倒**です。

こんなときは、ショートカットキーで素早く回転させるのが一番。**「右90度回転」が、「Ctrl」キー＋「Shift」キー＋「＋」、「左90度回転」が、「Ctrl」キー＋「Shift」キー＋「－」**です。

ただ、この2つ、どっちが右回転で、どっちが左回転だったか、なかなか覚えられるものではありません。ですので、結論から言えば、一方だけ覚えれば、それで十分です。

「Ctrl」キー＋「Shift」キー＋「－」を押して、表示が上下さか

「Ctrl」キー ＋「Shift」キー ＋「+」＝（右90度）表示を回転
「Ctrl」キー ＋「Shift」キー ＋「−」＝（左90度）表示を回転

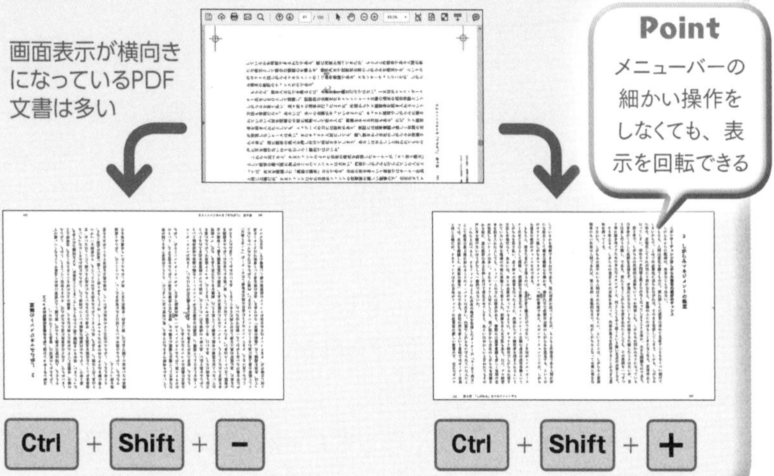

さまになっても、「−」をあと２回押せば、正しく表示できるからです。

ちなみに、これらの操作から**「Shift」キーを除いた、「Ctrl」キー＋「−」は縮小表示で、「Ctrl」キー＋「+」なら拡大表示**です。

ただ、「Ctrl」キーを押しながらマウスホイールを回したほうが、拡大にも縮小にも対応できるので便利。したがって、このテクニックを使う機会はあまりないでしょうが、「+」で拡大、「−」で縮小と覚えやすい操作なので、この機会に覚えておくとよいかもしれません。小さくて読みにくいPDF文書の文字を、サッと拡大・縮小したいときにはなかなか便利だからです。

コメントを書き込めば PDFのやりとりがはかどる

PDFといえば、**画面上で閲覧するか、紙に印刷して使うだけ、という人は多い**でしょう。文書の内容に問題があったときは、画面を見ながら電話をかけ、口頭でやりとりするのが一般的なようです。少なくとも私の周りはそうです。

しかし、電話をかけても、相手がすぐそのPDFが見られる状態にあるとは限りません。要領を得ないやりとりになることのほうが多いのではないでしょうか。

そこで、PDFには、**気になったことをどんどん書き込める機能**が用意されています。**「注釈」機能**と呼ばれるものですが、ツールバーの吹き出しのアイコンをクリックしてオンにし、マウスで気になった箇所をクリックすれば、吹き出し型のマークが表示され、コメントを書き込むことができます。

この機能にも、「Ctrl」キー＋「6」というショートカットキーがありますが、覚えにくい上、吹き出し型のマークをマウスで該当箇所に動かさなくてはなりません。そんなことなら、最初からマウスでツールボタンをクリックしたほうが、結局早いと私は思います。「原価が高すぎるのでは？」「データの出所を教えてください」など、気になったところに、どんどん注釈を入れていきましょう。

注釈機能があまり使われないのは、吹き出しのマークがややくだけた印象であることも大きいように思います。しかし、このマ

Point
口頭でのやりとりは
ミスの元。文書上に
直接書き込むことで
トラブル防止になる

注釈機能で、気になったことを直接書き込んでいく

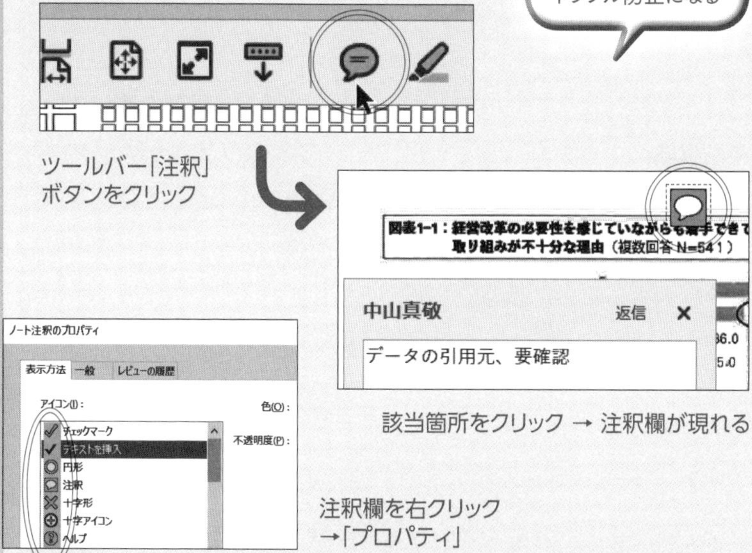

ークは変更可能。注釈の**小ウィンドウを右クリックして、「プロパティ」**を選べば、チェックマークなどに変えることができます。

ビジネスでは、**証拠になるため、「書面でください」**と言われることがよくあります。見積書などのPDF文書も、疑問点や指摘、要望などは**きちんとかたちにしておいたほうが、トラブル回避につながります**。トラブル対応は、仕事時間のかなりの割合を占めます。「電話で話したほうが早い」と思いがちですが、結果的には、きちんとPDF文書上にコメントを残したほうが、仕事の効率化につながるのです。

「パワポは難しくない」ことをまず知っておこう

パワポは、スライドにテキストボックスなどの**図形を置いていく貼り絵**のような作りです。貼り絵ですから、図形を新たに置くたびに上に重なっていきます。一度、置いたら重ね順を変えられないというわけではありません。リボンの「配置」ボタンをクリックすれば、自由に重ね順が変えられます。

そして、文字を入力したければ、図形の内部をクリック。カーソルが表示され、そのまま文字を入力できます。テキストボックスだけでなく、□や○といった図形の内部に文字を書き込むこともできます。

矢印や○、□、△など**おもな図形は最初から用意されている**ので、選んでマウスをドラッグすれば描けます。

――基本はたったこれだけ。**パワポの魅力は、自由度が高いこと。イメージした図解やチャートを簡単に作れる**のです。

今から20年ほど前、当時の上司に、企画書はパワポで作るようにと言われました。その理由は、**「パワポにすれば、ワードより枚数が増える。立派な企画書に見える」**ということ。そして、「プレゼンのとき、話を聞いてもらえる」ということです。

みなさんも、経験があると思いますが、打ち合わせに際してワードやエクセルの資料を配ると、**ろくにこちらの話を聞かず、文書を読んでいる参加者**が必ずいます。その上司いわく、「パワポは紙芝居」。「そこで、コンセプトは～」などとプレゼンして、次

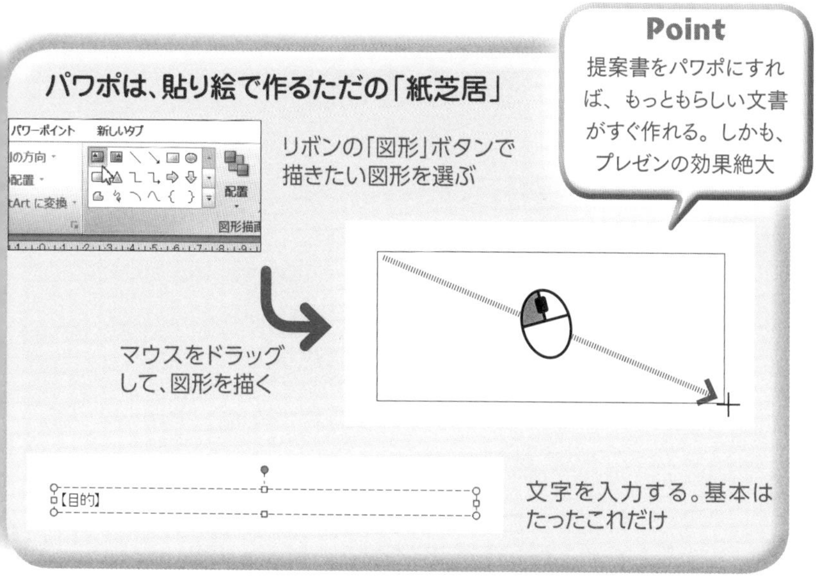

のページに続けるといった**「もったいぶり」ができる**のがパワポなのです。さらには、紙で配布せずスクリーンに映し、アニメーションを付けて、説明する前の文章を見せずにやることもできます。

ワードの本は売れないという話をしましたが、それ以上に、パワポの本は売れません。使っている人はすでにおわかりと思いますが、**いじっていれば簡単にマスターできる**からです。

パワポは1時間もあれば、マスター可能。そして、すでに述べた通り、プレゼンで大きな威力を発揮します。仕事で成果を上げたければ、パワポを使わないのはじつにもったいない話です。世の中には、パワポを難しいと思っている人がかなりいるようですが、苦手意識を捨ててまずは使ってみること。プレゼン資料が簡単に作れ、仕事の成果につながります。

パワポ文書作成の時間を半分以下にする「Ctrl」＋「D」

パワポについて、前項の話は基本的な操作法、考え方についてでした。パワポをふだんから使い慣れている人は少々退屈だったかもしれません。

しかし、ご安心ください。ここからはいよいよ、効率をアップするテクニック的な話です。特に、このページで紹介する操作は、これだけでパワポ文書作成の時間を半分以下に短縮することができます。しかも、**覚えるのは、「Ctrl」キー＋「D」だけ**という単純明快さ。内容は、「複製」というテクニックです。エクセルやワードの図形描画でも使えます。

例えば、テキストボックスなどの図形を選択し、「Ctrl」キー＋「D」を押します。すると、**元の図形のすぐ近くに、同じ図形が複製**されます。後は、これを配置したい場所に移動するだけです。テキストが入る場合は、カーソルを表示して、入力しなおします——基本的な話は、これだけです。

なぜ、このテクニックがパワポでそれほど有効なのか、ふだんからよく使っている人なら、もうおわかりでしょう。

通常なら、テキストボックスを配置したら、太字にするとか、ポイント数を上げるとか、文字に色をつけるとか、テキストボックスに枠線を付けるとか、いろいろな設定操作を行わなくてはなりません。**パワポは、図形を自由に描けますが、その代わり、設定しなければならないものがたくさんある**のです。しかも、１枚のスライドに、図形を３つ、４つ……といくつも配置していきます。面倒どころの話ではありません。

しかし、「Ctrl」キー＋「D」で、**同じ扱いの図形を複製すれば、こうした設定は不要**になります。しかも、大きさや縦横の比率までもまったく同じです。きれいに図形のかたちが揃った文書を作成するには、不可欠のテクニックと言えます。

「Ctrl」キー＋「C」、「Ctrl」キー＋「V」でコピペしても、もちろん同じことができます。

しかし、コピペだと２回の操作が必

Point
すでにあるものをベースにすれば、書式変更などの手間がいらない

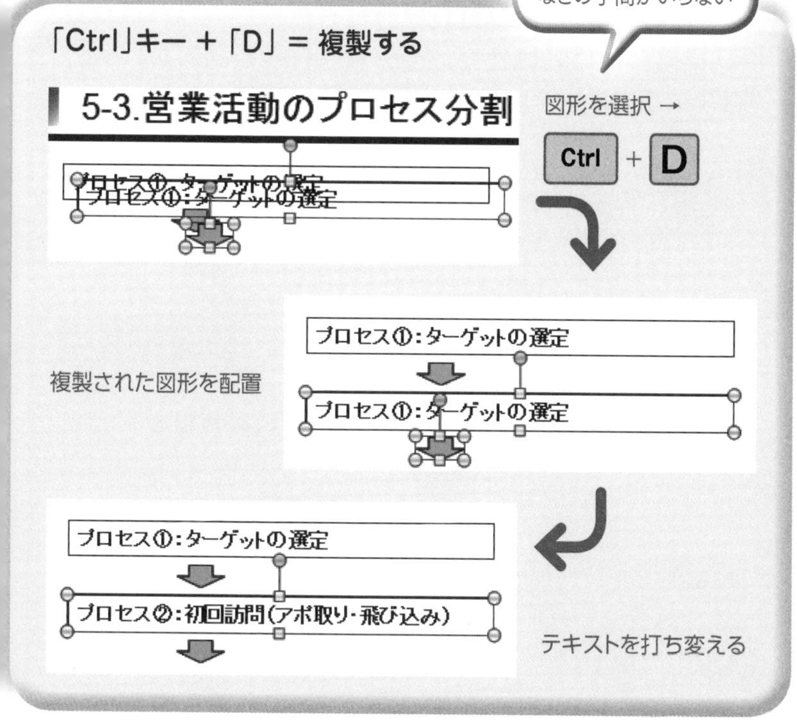

要な上、貼り付けされる図形は、全然違う場所に配置されます。つまり、二度手間。図形の配置を考えれば、「Ctrl」キー＋「D」のほうが、はるかに効率がいいのです。

さらに、このテクニックには続きがあります。例えば、「営業1課」という枠線付きのテキストボックスを作成し、これを「Ctrl」キー＋「D」で複製したとします。まずは、これを方向キーまたはマウスで横に並列になるよう、移動したとします。そして、この状態でもう一度、「Ctrl」キー＋「D」を押します。

すると、**最初の2つのテキストボックスの位置関係と同じ位置関係で3つ目のテキストボックスが複製される**のです。つまり、「営業1課」から「営業4課」を横一列に並べたい場合、最初に複製したテキストボックスの位置を調整しておけば、**追加で複製したテキストボックスの位置の調整が不要**になる、というわけです。

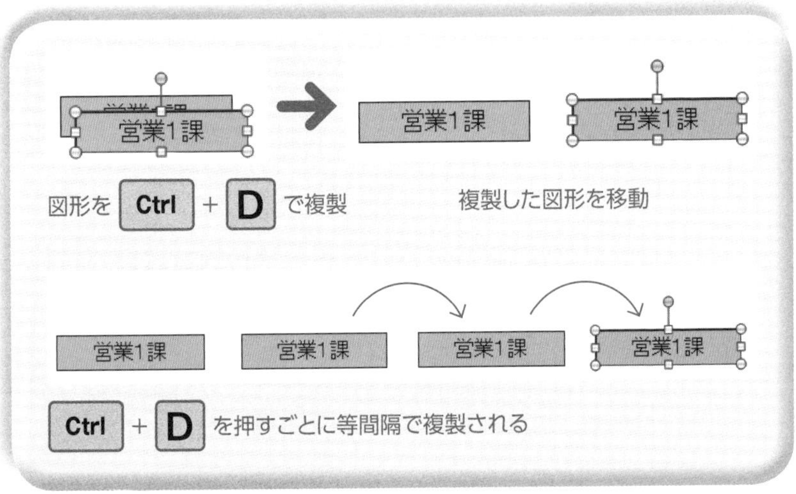

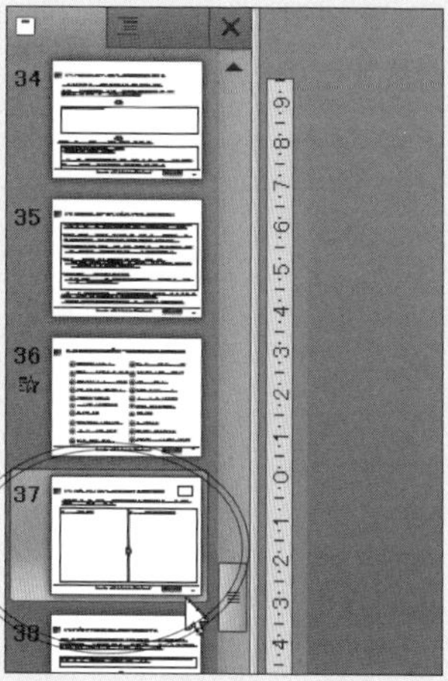

スライドをクリックして選ぶ

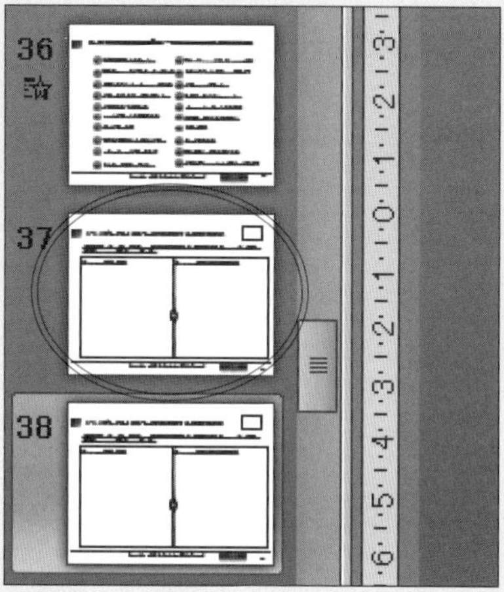

Ctrl + D でスライドも複製できる

「Ctrl」キー＋「D」は、まだまだ使い道があります。それは、**スライドの複製にも使える**ということです。

パワポのウィンドウは、左側にスライドの一覧が表示されるようになっています。ここで、複製したいスライドをクリックし、「Ctrl」キー＋「D」を押すと、スライドを複製できます。

パワポのスライドは、一番上にスライドのタイトルが入るなど、ページのスタイルを統一するのが一般的です。しかし、例えば**タイトルの書式、本文の書式をスライドごとに設定するのは大変**です。その点、すでにあるスライドを複製すれば、後は文字を打ち変えるだけ。図が入るもの、流れ図になっているものなど、いくつかパターンはあるでしょうが、**すでにあるものをベースに作成するのが早道**なのです。

パワポも「F2」&「Esc」キーでマウス要らず

パワポで一番面倒に感じられるのは、図形（オブジェクト）の選択と、文字の編集モードをいちいち切り替えなくてはならないことです。

オブジェクトを選択すれば、そのまま文字を入力できますが、もともとあった文字に上書きして消えてしまいます。また、文字入力を行って、カーソルがある状態だと、方向キーを押してもオブジェクトの位置を変えることはできません。いちいちマウスでクリックして、オブジェクトの選択と文字の編集モードを切り替えなくてはならないのです。

そんな面倒さが一気に解消するテクニックがあります。

そのテクニックとは、「F2」キー。オブジェクトを選択した状態で「F2」キーを押すと、文字列の最後にカーソルが表示されるのです。158ページの操作でオブジェクトを複製したら、複製されたオブジェクトが選択された状態。そのまま**「F2」キーを押せばすぐ文字の打ち変えができてしまう**というわけ。

これは、**エクセルのセルの編集や、ファイル名の変更と共通の操作。ですから、覚えやすい**はずです。

では、逆の場合——文字入力を終えて、オブジェクトの選択状態に戻す場合——にうまい方法はないのかと思った人もいらっしゃるでしょう。

ご心配なく。もちろんテクニックはあります。

Point
パワポ文書作成でマウスを使う回数が半減する

「F2」キー ＝ 文字の編集モード
「Esc」キー ＝ オブジェクトの選択モード

カーソルが現れ、文字の編集モードに

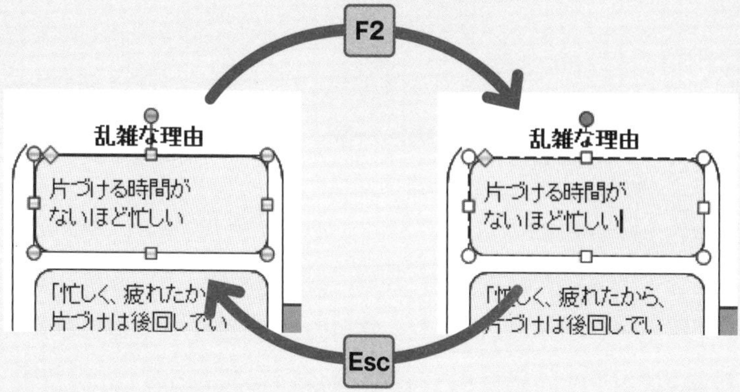

オブジェクトの選択モードに戻る

文字の入力を終えた後、**「Esc」キーを押せば、カーソルが消え、オブジェクトを選択した状態**になります。方向キーで、オブジェクトを移動することもできるわけです。

図形を自由に描いて配置するパワポの場合、マウスを繰り返し使わなくてはなりません。マウスを使えば使うほど、文書作成の時間がかかってしまうのは、もちろんです。しかし、**「F2」キーと「Esc」キーでオブジェクトの選択と文字の編集モードを切り替え、方向キーでオブジェクトを移動させれば、マウスを使う回数は半分以下**に減らせます。つまり、パワポ文書の作成を、半分以下の時間に短縮できるのです。

仕事が早い人は「メモ帳」をよく使う

よく使う人は非常によく使うが、使わない人はまったく使わないアプリ、それが「メモ帳」です。ふと思いついた**アイデアやメモを書き留めるには、メモ帳が一番**。ワードでもできるのに、なぜかと疑問に思う人もいるでしょう。

メモ帳は、「エディター」という種類のアプリです。文字の大きさを変えることもできなければ、中央揃えのように配置を変えることもできません。つまり、**文字の入力に徹した非常にシンプルなアプリ**です。その分、アプリを**起動する時間もあっという間**。例えば電話で、相手の伝言を書き留めなくてはならないとします。ワードだと、「少しお待ちください」と言って、立ち上げるまで相当時間がかかります。メモ帳ならあっという間――この軽快さが魅力のアプリなのです。

その魅力を引き出せるよう、**メモ帳はタスクバーにピン留め**しておく、これが仕事が早い人の鉄則です。

Point
立ち上げ時間は約１秒。使いたいときすぐ使える

メモ帳はタスクバーにピン留め

アイコンの一覧からタスクバーにアイコンをドラッグする

「メモ帳」に日時を一瞬で記録する

文字入力に徹したシンプルなアプリ、メモ帳。機能はほとんど付いていませんが、意外な便利機能が用意されています。それが**「日付と時刻」**です。

メモ帳を立ち上げた状態で、**「F5」キー**——やることはたったこれだけ。これで、メモ帳に、そのときの時刻、例えば**「13:19 2019/12/20」という文字が入力**されます。

よく、「ビジネスの基本は時間」と言われますが、例えば、作業の開始時間、終了時間を記録するとか、電話の用件をメモ帳に入力した後、その時間を記録するとか——時間管理に敏感になります。そして、他のアプリと別にメモ帳を開いていても、**軽快なアプリなので、パソコンに負荷は全くかかりません。**

Point
軽快なアプリで、素早く時間を記録できる

「F5」キー＝メモ帳で、「日付と時刻」を記録

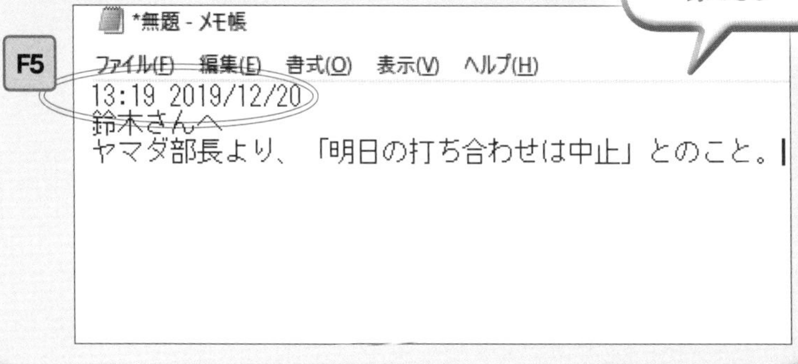

絶対マスターしたい!

ショートカット一覧 メール編

「Ctrl」+「C」	コピー
「Ctrl」+「V」	貼り付け
「Ctrl」+「X」	切り取り
「Ctrl」+「B」	太字にする
「Ctrl」+「U」	下線付きにする
「Ctrl」+「I」	斜字体にする
「Ctrl」+「スペース」	書式を標準に戻す
「Ctrl」+「F7」	単語登録
「Ctrl」+「A」	すべて選択
「Ctrl」+「Z」	操作の取り消し
「Ctrl」+「Y」	「操作の取り消し」の取り消し

「Ctrl」+「F」	検索する
「Ctrl」+「R」	返信
「Ctrl」+「Shift」+「R」	全員に返信
「Ctrl」+「F」	転送
「Alt」+「S」	メールを送信
「Ctrl」+「E」	受信トレイの検索

絶対マスターしたい!

ショートカット一覧 Webブラウザ編

「Alt」+「←」	前のページに移動
「Alt」+「→」	次のページに移動
「Alt」+「Home」	「ホーム」ページに戻る
「Ctrl」+「I」	「お気に入り」を表示
「Ctrl」+「D」	「お気に入り」に登録
「Ctrl」+「H」	「履歴」を表示
「Ctrl」+「T」	新しいタブを開く
「Ctrl」+「W」	タブを閉じる
「Ctrl」+「Shift」+「T」	直前に閉じたタブを開く
「Ctrl」+「R」	ブラウザの更新
「F5」	ブラウザの更新

絶対マスターしたい!

ショートカット一覧 PDF編

「Ctrl」+「Shift」+「 + 」	(右90度)表示を回転
「Ctrl」+「Shift」+「−」	(左90度)表示を回転
「Ctrl」+「 + 」	拡大表示
「Ctrl」+「−」	縮小表示
「Ctrl」+「6」	注釈を入れる

絶対マスターしたい!

ショートカット一覧 パワポ編

「Ctrl」+「C」	コピー
「Ctrl」+「V」	貼り付け
「Ctrl」+「X」	切り取り
「Ctrl」+「B」	太字にする
「Ctrl」+「U」	下線付きにする
「Ctrl」+「I」	斜字体にする
「Ctrl」+「スペース」	書式を標準に戻す
「Ctrl」+「F7」	単語登録
「Ctrl」+「A」	すべて選択
「Ctrl」+「Z」	操作の取り消し
「Ctrl」+「Y」	「操作の取り消し」の取り消し

「Ctrl」＋「F」	検索する
「Ctrl」＋「S」	文書の（上書き）保存
「Ctrl」＋「P」	印刷
「Ctrl」＋「O」	文書を開く
「Ctrl」＋「N」	新規文書を開く
「Ctrl」＋「W」	ウィンドウを閉じる
「Ctrl」＋「D」	図形、スライドの複製
「F2」	文字の編集モード
「Esc」	オブジェクトの選択モード

5章

パソコンの基本設定を見直して快速化！

せっかく操作を快速化するテクニックをマスターしても、肝心のパソコンの起動や処理が遅くてストレスを感じている、という人も多いのではないでしょうか？

実際、エクセルやワード、メールなどは、動画の編集などと違って、パソコンに大きな負荷はかかりません。

それなのに、なぜこんなに処理に時間がかかるのか？　なぜこんなに反応が鈍いのか？　なぜ、最悪の事態である「フリーズ」が起こってしまうのか？　こうしたストレスを解消するカギが、パソコンの基本設定の変更です。

パソコンの性能不足と勘違いして、新しいパソコンに買い替えてもあまり効果はなく、買ったままの状態から、基本設定を少しいじったほうが、はるかにパソコン操作を効率化できます。

本章では、「設定」１つでパソコンが高速化する方法をご紹介していきます。

不要な常駐ソフトは停止して パソコンを高速化

朝出社してパソコンの電源を入れても、仕事ができる状態になるまで、意外に時間がかかりますよね。これは基本ソフト（OS）の Windows など、起動に必要なソフトを順番に読み込んでいるからです。日本語入力ソフトなど、自分で立ち上げなくてもずっと立ち上がっているソフトを常駐ソフトと言いますが、実は、仕事には関係ない（というか、まず使うことのない）ものがけっこう含まれています。

パソコンの起動中、ハードディスクがカシャカシャと音がして、画面右下に1つずつアイコンが増えていきますね。この**常駐ソフトの読み込みをやめれば、その分、パソコンがすぐに使える**ということです。それを知らなければ、仕事が早い人に1日のスタートから差をつけられてしまうのです。

それだけではありません。

常駐ソフトは、その分、パソコンのメモリーを食います。1つひとつは大した容量ではありませんが、塵も積もれば山。起動に時間がかかるばかりでなく、**エクセルやワードなどに割り当てるメモリーが少なくなってしまう**ので、動作が遅くなったり、**フリーズの原因**になるのです。特に、国産メーカーのパソコンには、サポートサービスの小ウィンドウなどいろいろなソフトがバンドルされています。不要な常駐ソフトをなくせば、あなたのパソコンはもっと速く、フリーズしにくくなります。

Point
朝イチに、
他人より早く
スタンバイ OK！

不要な常駐ソフトを無効にする

タスクバーを右クリック
→タスクマネージャー

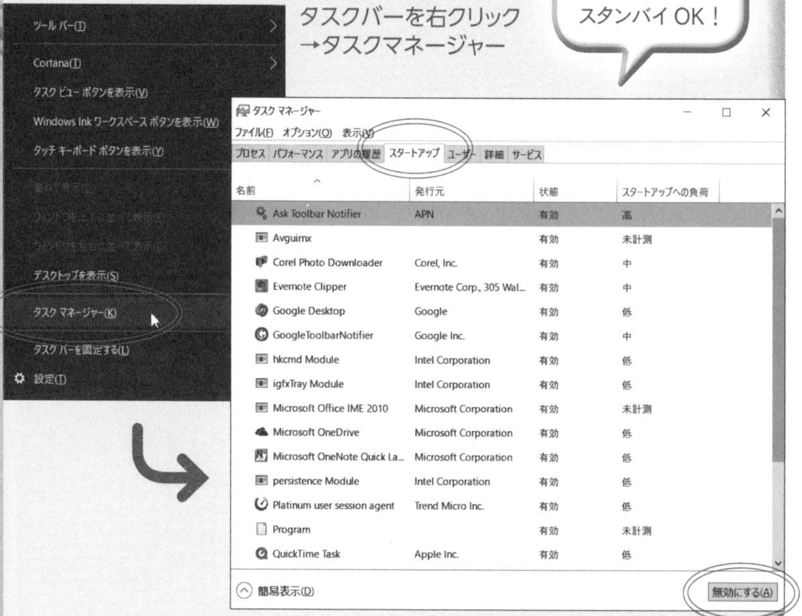

「スタートアップ」タブ→「無効にする」ボタン

パソコンの起動時に立ち上げる常駐ソフトを減らすには、**画面の下＝タスクバーを右クリックして、「タスクマネージャー」**を選びます。そして、「タスクマネージャー」のタブで「スタートアップ」を選ぶのです。

これを行うと、起動時に立ち上がるソフトが一覧で表示されます。不要なものをクリックして選び、ウィンドウ右下の「無効にする」ボタンをクリックして無効化する――これで、パソコン起動時に、いちいち立ち上がらなくなります。

Windowsの不要なサービスを無効にしてメモリー節約

使わないのに、パソコンを起動すると自動的に立ち上がって常駐するソフトは、Windowsの中にもたくさんあります。前項で説明した通り、常駐ソフトは少ないほうが起動が速くなり、消費するメモリーも少なくなります。パソコンが快速化するのです。

Windowsの常駐ソフト、それがサービスです。これを無効にするには、**「Windows」キーを右クリックして、「コンピューター の管理」をクリックし、開いたウィンドウ上で「サービスとアプリケーション」→「サービス」をそれぞれクリック**します。表示されたサービスの多さに驚くのではないでしょうか。この中から、自分には**不要なサービスをダブルクリックし、「スタートアップの種類」を「無効」にする**――これで完了です。

この操作手順は、Windows10のものですが、Windows7なら、「スタート」ボタンをクリックし、表示される検索ボックスに、「msconfig」と入力し、「Enter」キーを押すと、「システム構成」のウィンドウが表示されます。「サービス」タブを選んで無効にしたいサービスのチェックボックスのチェックを外して「適用」ボタンをクリックすればOK。

このテクニックが特に有効なのは、Windows10。**Windows10は、Microsoftの思惑で、スマホやタブレットとの連携が強化された分、不要な機能が大幅に増えた**からです。

ただ、不要な機能といってもよくわからないし、Windowsの設定を変更するのは不安という人が大多数だと思います。そこで、多くの人にとって不要と思われる機能をリストアップしました。「Fax」を使用しない人なら「Fax」、パソコンで仮想マシーンを使用しない人なら「Hyper-V」関連……といったものです。

多くの人に不要なサービス一覧

サービス名	説明
Bluetooth Handsfree Service	パソコンでワイヤレスのヘッドセットを使えるようにする機能
Fax	パソコンで Fax を使えるようにする機能
Hyper-V ………	仮想マシーンを使用するための機能。9 項目あり
Remote Desktop ………	デスクトップをリモート操作するための機能。3 項目あり
Remote Registry	リモートで Windows の設定情報を変更する機能
Routing and Remote Access	リモートでパソコンの操作を行う機能
Secure Socket Tunneling Protocol Service	VPN（仮想プライベートネットワーク）を使用するための機能
Sensor Data Service	モニターの輝度などのセンサーを使用するための機能。センサー付きのパソコンはほとんどないのが実態
Sensor Monitoring Service	
Sensor Service	
Smart Card	カード認証を行うための機能
Smart Card Device Enumeration Service	スマートカードのエミュレーション機能
Telephony	ビジネスフォンをコントロールする機能
Touch Keyboard and Handwriting Panel Service	タッチパネルを行うための機能。タッチパネル非対応のパソコンなら不要
Windows Biometric Service	生体認証を行うための機能
Xbox Live ………	ゲーム機 Xbox をパソコンと連携させるための機能。4 項目あり

タッチパッドを無効にして カーソルの誤作動をなくす

この操作は、ノートパソコンを使っている人には絶対にオススメです。ノートパソコンを使っていて、**入力中などに突然カーソルの位置が全然違うところにジャンプ**してしまった、という経験、ありますよね。あるいは、ファイルをドラッグしてコピーや移動しているときに、開いてしまったり。

これは、ノートパソコンの**タッチパッドは、タッチでクリックできるようになっている**せい。そのため、クリックしたつもりはなくても、パソコンが勝手にクリックと勘違いしてしまうことがよく起こるのです。カーソルがジャンプしてしまうのも、キーボード入力する手がタッチパッドに少し触れてしまうとかが原因で起こります。

私の場合、ふだんはデスクトップパソコンで、外出時だけ A4 サイズのノートパソコンを持ち歩いています。ところが、カーソルが勝手に動いてしまうというこの現象のために、短い文章を書くだけでも、ものすごい時間がかかってしまいます。発熱対策で CPU の性能が低いので、緊急用とはいえ、デスクトップパソコンなら **10 分ですむ作業が、1 時間かかってしまう**のです。これでは、効率が悪すぎて話になりません。

こうした不便さが一気に解消できるテクニックがあります。それは「タッチパッドをタッチ＝クリック」という機能を無効にしてしまうことです。

Point
ノートパソコンのタッチパッドが使いやすくなる

タッチパッドのタッピングを無効にする

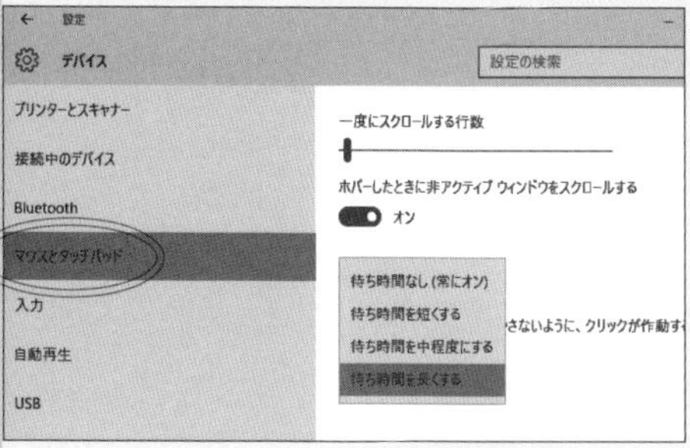

「Windows」キー→「設定」→「デバイス」→「マウスとタッチパッド」→「待ち時間を長くする」

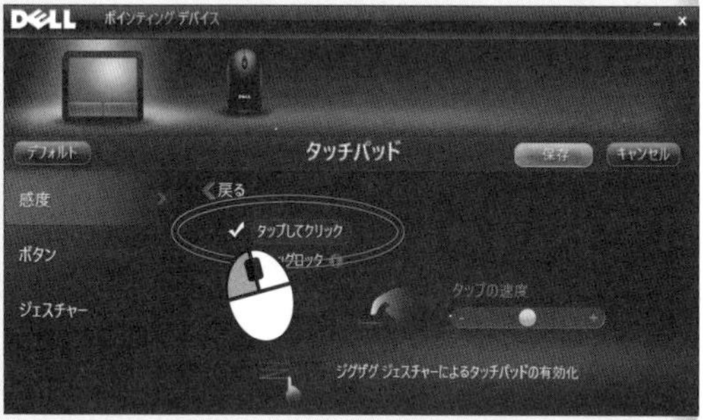

「その他のマウスオプション」でタッピングを無効にする

やり方は、**「Windows」キー→「設定」→「デバイス」→「マウスとタッチパッド」**を選択。ここで、「タッチパッド」が作動するまでの待ち時間を長くするだけで、かなりの効果があります。完全に無効にするには、**「その他のマウスオプション」をクリックして「ポインティングデバイス」の設定画面（メーカーにより異なる。ここではデルの場合）を表示し、「タップしてクリック」のチェックを外して「保存」**をクリックします。

最初からこの設定にしておけと言いたくもなりますが、これでノートパソコンの作業が5倍ははかどります。

よく使うアプリを素早く起動できるようにする

Windows でアプリを立ち上げるのは意外に面倒です。「よく使うアプリ」は、スタートメニューを表示すると上のほうに一覧になっていますが、けっこう使っているはずのアプリが含まれていなかったりします。

このため、**A から順番に表示されるたくさんのアプリを、スクロールして探し出さなくてはなりません**。しかも、アプリは例えば「メモ帳」や「ペイント」が、「Windows アクセサリ」フォルダーの中にあるなど、「どこにあるかわからない」ということも少なくありません。**アプリを探すだけで、けっこうな時間がかかってしまい、何とも非効率**です。

しかし、この非効率をあきらめる必要はありません。よく使うアプリをタスクバーにピン留めしておけば、デスクトップから直接立ち上げることができるようになるからです。

タスクバーへのアプリの登録は簡単。

「Windows」キーを押してスタートメニューを表示し、よく使うアプリが現れたら、これを**タスクバーにドラッグ＆ドロップします。すると、アプリのアイコンがずっとタスクバーに表示される**ようになります。これをクリックすれば、即、アプリを立ち上げることができるようになります。

この操作は、実はファイルやフォルダーにも応用がききます。もともと、タスクバーのアイコンにはフォルダーのかたちをした

Point
アプリを探す
手間と時間を
大幅カット

よく使うアプリはタスクバーにピン留めする

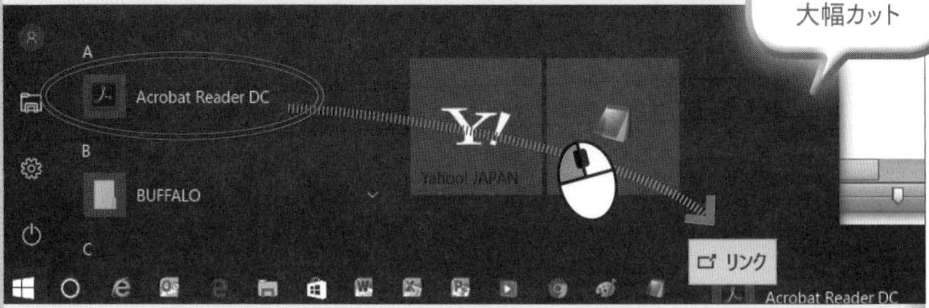

スタートメニューでよく使うアプリを表示したら、
タスクバーにドラッグ&ドロップ

タスクバーにアイコンが常に表示される。クリック一発でアプリが立ち上げられる

ものがあります。「エクスプローラー」という、ファイルやフォルダーを管理するためのものですが、タスクバーにフォルダーをドラッグすると、「エクスプローラーにピン留めする」と表示されるので、そのままクリックを離してドロップ。

　こうしておけば、エクスプローラーのアイコンを右クリックすると、「ピン留め」の欄にそのフォルダーが常に表示されるようになります。これをクリックして選べば、たちまちフォルダーを開いて表示することができます。「フォルダーの中のフォルダーの、そのまた中のフォルダー」など、**よく使うが開くのが面倒なフォルダーに特に有効**です。

ハードディスクをきれいにして
パソコンの反応を速くする

　パソコンはしばらく使っていると、だんだん処理スピードが落ちてきます。その理由は、**「ファイルの断片化」**。

　要らないファイルを削除すると、ハードディスクの所々に空きスペースが生まれます。新しく保存するファイルは、こうした空きスペースにも保存されるため、本来なら関係のあるファイルは近い場所にあったほうがいいのに、バラバラの場所に保存されてしまいます。

　しかも、削除したファイルも実はすぐにハードディスクから消されてしまうわけではありません。パソコンを使っているうちに、こうした**ゴミファイルがどんどんたまっていきます**。このため、必要なファイルを探すのにどんどん時間がかかるようになっていくというわけです。

　関連の深いファイルをハードディスクの近い場所に集めて読み込みを速くしよう、というのが「ドライブのデフラグと最適化」。ゴミファイルをきれいに消去してスッキリさせるのが「ディスククリーンアップ」。ともに、スタートメニューの「Windows管理ツール」の中にあります。

　ハードディスクは、ディスクを高速回転させて必要なデータを読み書きする仕組みになっています。**物理的な動作が必要な分、最近の大容量ハードディスクだとかなりの時間を食ってしまいます**。ちなみに、ディスクは外周に近いほうが円が大きくなるため、

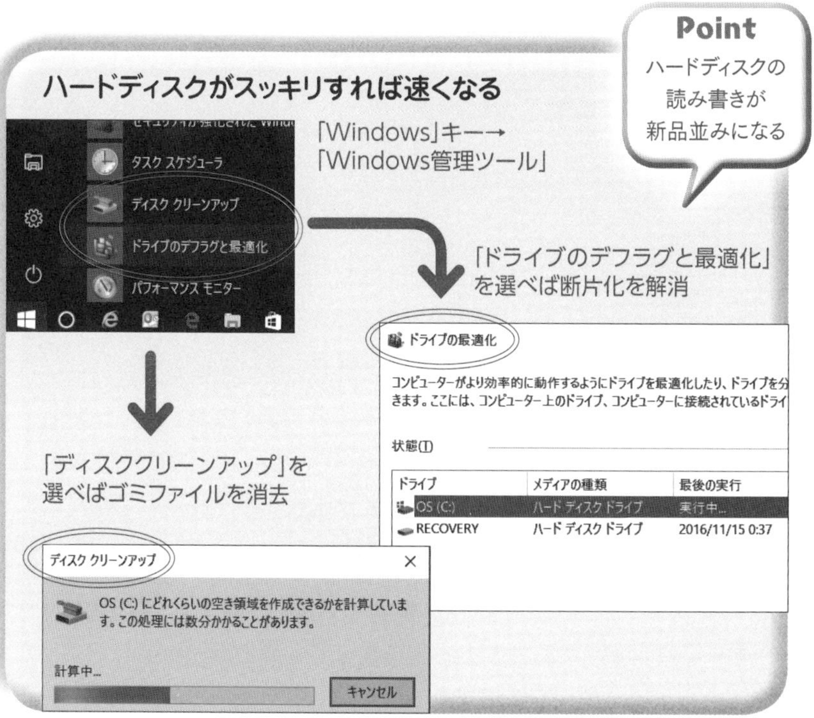

同じ回転数なら外周のほうがデータの読み書きが速い――これに着目して、ソースネクストの「驚速」というアプリも市販されていますが、それくらい、ハードディスクの読み書きには時間がかかるもの。クリーンアップ、デフラグと最適化を行えば、パソコンは驚くほど処理が速くなります。

なお､最近普及し始めている **SSD は､USB メモリーのように､素早くデータにアクセスできる**のが売り。物理的な回転をしないので、**故障にも強い**です。普及とともに価格も下がってきているので、パソコンを買い替える場合にはハードディスクではなく、SSD 搭載モデルを検討してもよいかもしれません。

同時に開くウィンドウは最小限にとどめておく

メモリーの容量は有限です。メモリーの無駄遣いをやめたほうが、パソコンにかかる負荷は小さくなり、キビキビ動くし、フリーズする確率も下がる、ということはわかると思います。

ただ、メモリーを消費するといっても、なかなかイメージができないと思います。メモリーの使用状況、さらにはCPUにかかる負荷を確かめてみることにしましょう。

やり方は、**タスクバーを右クリックして、「タスクマネージャー」**を立ち上げること。**「Ctrl」キー＋「Alt」キー＋「Delete」キー**で「タスクマネージャー」を選んでもかまいません。

すると、メモリーの使用量は、例えばワードが15.7メガ、タスクマネージャーが11.4メガとわかります。私のパソコンには4ギガのメモリーが積まれているので、大したことありません。

ただ、**メモリーの使用率は、53%。ということは、全体では2ギガ以上のメモリーをすでに使っている**のです。また、インターネットエクスプローラー、アウトルックを立ち上げると、それぞれ約65メガ、約60メガ消費量が増えました。

原因はバックグラウンドプロセス。52もの処理が裏で行われているということ。詳細を見ると、**ウィルス対策ソフトだけで約100メガ**ものメモリーを使っていました。ノートパソコンや少し古いパソコンには、搭載メモリーが2ギガというものもありますから、すでに容量を超えていることになります。

メモリーは不足しがち。不要なアプリは閉じる

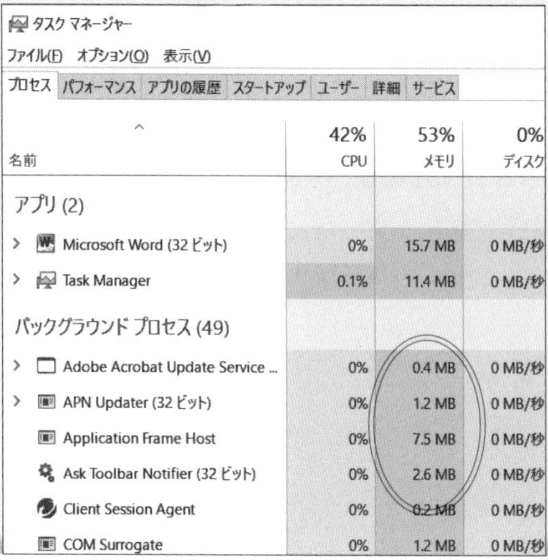

Point
仮想メモリーを
なるべく使わないと、
処理が速くなる

メモリーは何も作業しなくても2ギガ以上使っている!

メモリーが少ないパソコンでも、メモリー不足にはなりません。それは、Windows が「仮想メモリー」を割り当てて、**ハードディスクをメモリー代わりに使うようになっている**からです。とはいえ、いちいち**ハードディスクを回転させてメモリーを読み書きするのだから、処理速度は遅くなります。**

こう見ていくと、アプリをあれもこれも立ち上げると、あっという間にメモリーが足りなくなることがわかります。8 ギガあれば余裕しゃくしゃくなのでしょうが、**2 ギガ、4 ギガのメモリー搭載量では決して余裕はありません。**このことを知っておけば、パソコンの負荷を減らそうという意識が働きます。

使わないアプリはまめに終了させ、メモリーを空けておくようにしましょう。パソコンが遅くてイライラすることが激減します。

メールのリンクを開くブラウザを変更する

ふだん使う**ブラウザを変えたとき、やらなくてはならないのは、「標準で使うブラウザの変更」**です。

Windows10 で標準のブラウザに設定されているのは、エッジ。このため、メールのリンクをクリックすると、エッジで開いてしまいます。

大容量ファイル転送サービスやちょっと気になる記事を読むくらいなので、それくらいは我慢してエッジを使ってもかまわないといえばかまいません。しかし私自身、**「あ、エッジが立ち上がった」というだけでストレスの元**ですし、ネット上のサービスの会員登録やパスワード設定を行うと、会員登録の確認メールが送られてきます。これをクリックしてエッジで開くと、別のブラウザで開くとき、改めてアカウントとパスワードの入力が必要になってしまいます。やはりメールのリンクを開くブラウザは、標準で使うアプリに変更しておいたほうが快適に使えるでしょう。

変更の仕方は以下の通りです。

「スタート」ボタンをクリックし、**「設定」**を選択。そして、**「システム」→「既定のアプリ」**を選びます。すると、ウィンドウの右側の部分に、標準で使うアプリが一覧で表示されます。ここで、**「Web ブラウザー」を見ると、「Microsoft Edge」**（エッジ）となっているはずです。

これをクリックすると、インストールされている Web ブラウ

Point
メールのリンクを、使い慣れたふだんのブラウザで開ける

「既定のアプリ」を変更する

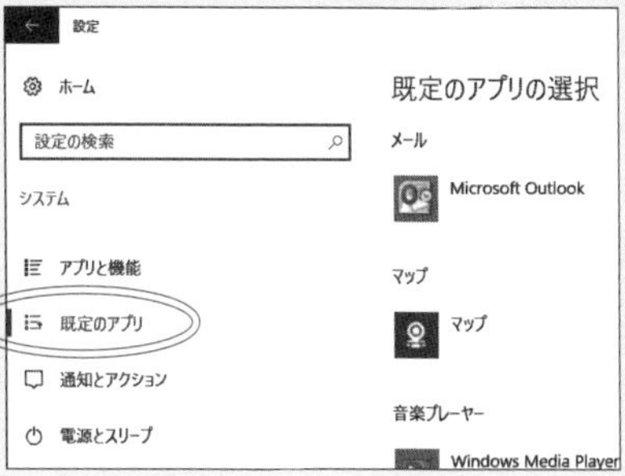

「スタート」ボタン →「設定」→「システム」→「既定のアプリ」

「Webブラウザー」の「Microsoft Edge」をクリック

ザが一覧表示されます。この中から、標準で使いたいものをクリックして選べば完了です。

設定が少々面倒ですが、頻繁に行う操作ではありません。**一度変更してしまえば、設定はそのまま**。後は快適に使えます。

また、ブラウザだけでなく、他のアプリでも「標準で使うアプリの変更」は役立ちます。

例えば、私が一番イライラするのが、写真などの**画像ファイルを加工しようと思ったとき。Windows10 では、「フォト」というフォトビューアーで開く**からです。「編集」ボタンをクリックして簡単な加工はできますが、やはり、使い慣れている画像加工アプリのほうが使いやすいし、細かい加工も可能。同じ要領で変更しておくと、仕事がスムーズに運びます。

Google Chromeで
検索ももっと速く

最近のブラウザは、**常に検索ボックス**が表示されている、あるいは**アドレスバーにキーワードを入れてすぐキーワード検索**ができるようになっています。このためか、**Google ツールバーは、インターネットエクスプローラー以外のブラウザへの対応をやめてしまいました。**

Google の機能を使いこなしたいという人なら、**Google Chrome を選ぶのがいい**と思います。Google Chrome の魅力は、**拡張機能やアプリがたくさん用意されており、簡単に機能追加を行える**ことです。

方法は、**「Chrome ウェブストア」で検索**。かなりわかりにくい場所にあるので、公式ページからリンクをたどっていくより、検索したほうが簡単です。

例えば、**「Highlight Keywords for Google Search」**という拡張機能。これをインストールするには、**「Chrome に追加」ボタンをクリック**するだけ。ウィンドウ右上にエンピツのアイコンが現れます。これをオンにすると、検索したキーワードが、ページのどこにあるか、背景色付きで目立たせてくれます。これだけで、情報収集のスピードが断然違ってきます。

実は、この機能はもともと Google ツールバーにあったもの。しかし、**追加できる機能が増えすぎたため、ユーザーが自分で選んで追加**してください、ということになったのでしょう。

Google Chromeで情報収集力を高める

Point
英語ができなくても、英語のページがスラスラ読める

「Chromeウェブストア」で拡張機能を検索、追加

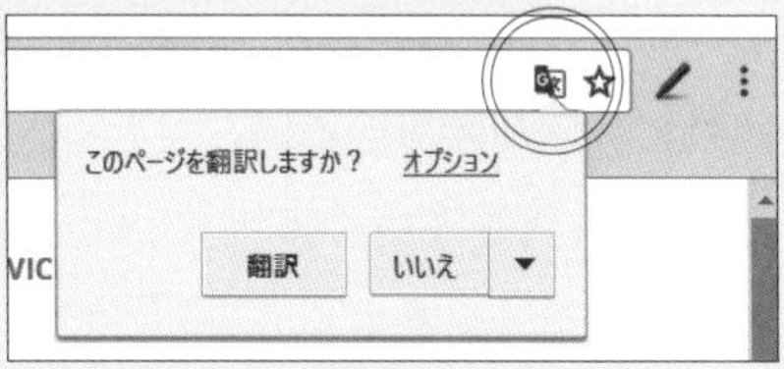

外国語のページも自動翻訳してくれる

同様に、**Google Chrome で便利なのが、翻訳機能**です。これも Google ツールバーにあったものですが、Google Chrome にはありません。しかし、Google Chrome で日本語以外のページを表示すると、ウィンドウ右上に「このページを翻訳しますか」という表示が現れ、「翻訳」を選べば自動的に日本語に訳してくれます。つまり、Google ツールバーはなくなったものの、Google Chrome の中に収められているのです。

Google の翻訳は、今最先端の AI によるもの。非常に適確です。日本語のページだけでなく、**外国のページまで情報収集できれば、すごい情報収集力**が手に入ります。

PDF文書を最初から大きく表示する設定

PDF文書は閲覧するだけという人が圧倒的に多いと思います。しかし、アクロバットリーダーでPDF文書を開くと、標準の状態では、ウィンドウの右側にツールパネルが表示されます。アクロバットリーダーは、文書の横幅に合わせて画面表示するため、**ツールパネルがある分、文書の表示領域が小さくなり、縮小表示されて文字が読みにくい**、ということがよく起こります。

PDF文書を開いた後、ツールパネルと文書の間にある三角のボタンをクリックして、ツールパネルを非表示にすればよいのですが、**どうせ使いもしないのに、いちいち非表示にする操作をしなくてはならない**のは、効率的ではありません。

そこで、ツールパネルを最初から非表示にする方法が用意されています。まず、メニューバーの**「編集」→「環境設定」**を選び、**「環境設定」画面で、左側のメニューから「フルスクリーンモード」**を選びます。すると**「フルスクリーンモードの設定」の中に、「現在の文書のみ」があるので、チェックボックスのチェックを外し、「1ページ全体をフルスクリーン表示」にチェックを入れます。**設定は「OK」ボタンをクリックすれば完了です。

ただ、これで安心してそのままアクロバットリーダーを終了させても、次にPDF文書を開いたとき、今まで通り、ツールパネルは表示されたままになってしまい、「どういうこと？」とかなり混乱させられます。**終了する前に、ツールパネルはいったん非**

Point
ツールパネルをいちいち非表示にする手間が不要になる

ツールパネルを非表示にする設定を行う

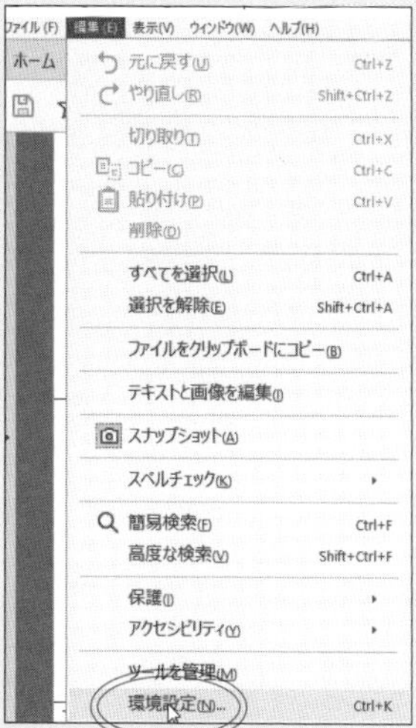

アクロバットリーダーを開き、メニューバーの「編集」→「環境設定」をクリック

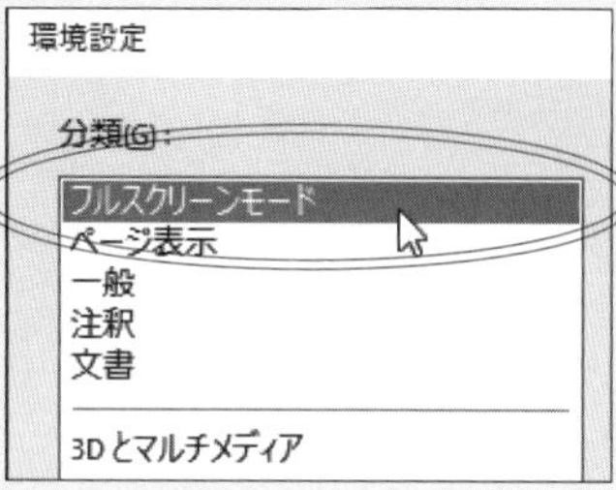

画面左上の「フルスクリーンモード」をクリック

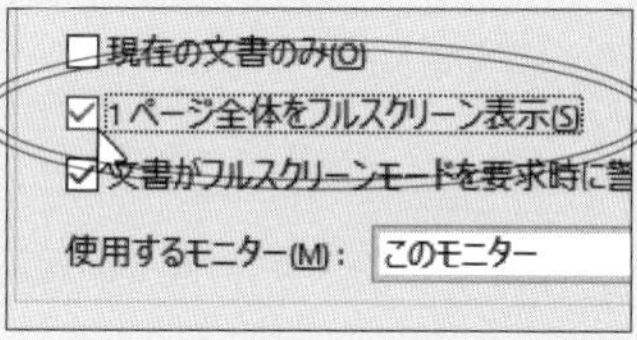

「1ページ全体をフルスクリーン表示」にチェックを入れる

表示にしておかなくてはなりません。

こうすれば、PDF文書を開いたとき、最初からウィンドウいっぱいに文書が表示されるようになります。毎度毎度、ツールパネルを非表示にする必要はありません。PDF文書を読むのが速くなり、ストレスも大幅に解消されます。

6章

マウスを活用するのはこんなとき！

ここまで、マウスを極力使わないことで操作が快速化する、キーボードテクニックを中心に、「たった１秒のパソコン仕事術」を多数紹介してきました。

そんなマウスですが、「Ctrl」「Shift」キーと組み合わせて使うことで効果が倍増するテクニックなど、使い方しだいで、とても効果的になる操作がいくつかあります。

また、マウスだからこそスムーズにできるといった操作があることもまた事実です。

本章では、「こんな操作のときこそマウスの使いどころ」といったテクニックをいくつか紹介していきます。

ほかの章で紹介した、エクセルやパワポなどでのマウスを使ったテクニックも入っていますので、あわせてマスターしていただければ、あなたのパソコン作業がさらに快速化することをお約束いたします。

ドラッグ代わりにトリプルクリックで一瞬

パソコンでは、範囲指定をすることが非常に多いです。

コピーや切り取りのほか、書式の変更など、編集する範囲を指定しなければ、話が始まらないからです。

しかし、この範囲指定がかなりやっかいです。私は、ショートカットキーがマウスよりも絶対に優れているとは思いません。広い範囲指定などは、マウスを使ったほうが手っ取り早いこともあります。ただ、**マウスの致命的な弱点は、細かい正確な操作が苦手**だということ。マウスで範囲指定を行っていて、1字、1行といった細かい部分が範囲指定からもれた、不要な部分まで範囲指定してしまった、という経験がある方が圧倒的多数ではないでしょうか。こんなとき、マウスならではのとっておきのテクニックがあります。それが、**「トリプルクリック」**です。

1回クリックするだけだと、カーソルの位置が移動するだけ。しかし、**ダブルクリックすると、カーソルの位置を含む単語を範囲指定**してくれます。

ただ、単語の範囲指定なら大して広くはないので、「これは便利だ！」という感覚はないでしょう。

その威力に驚くのが、ダブルクリックの上、もう1回続けてクリックを行う「トリプルクリック」です。

するとどんなことが起こるか。なんと、**カーソルを含む段落を一気に丸ごと範囲指定**することができるのです。クリックするだ

トリプルクリックで段落を丸ごと範囲指定

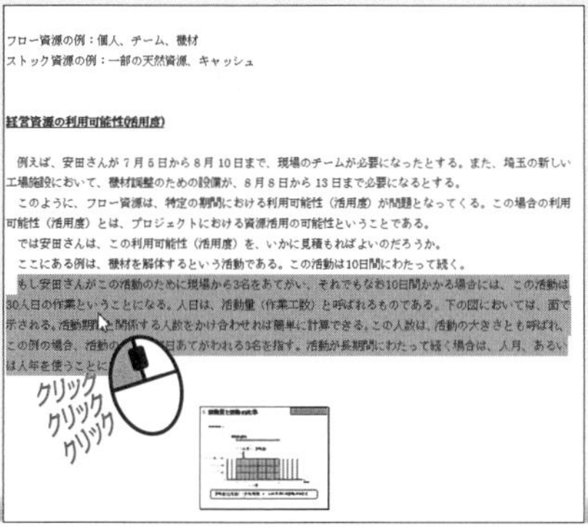

Point
マウスの操作なのに、ショートカットキー並みに速く範囲指定できる

1回でカーソル位置の変更
2回で単語の範囲指定
3回で段落丸ごと範囲指定

けだから、マウスを動かす必要はありません。そのくせ、マウスを動かすより、速く正確に範囲指定できます。

私が以前に執筆した本でこの操作を紹介するまで、そんなテクニックはどこにも書かれていなかったし、ほとんどの人が知らなかったはずです。私も、パソコン誌の編集部で働くまでは知りませんでした。

編集部には、パソコンで誌面のデザイン（DTP：Desk Top Publishing）をするデザイナーが入っていましたが、ライターの原稿を DTP アプリにコピペするとき、このテクニックを使っていたのです。これを見たときは、大きなショックと感動がありました。そして自分でもやってみると、**コピペ作業が驚くほどスピーディーにできる**のです（残念ながら「メモ帳」では使えないのですが）。

マウスの弱点を補うテクニックとして、ぜひ一度、その効果を実感してみてください。きっとやみつきになりますから。

マウスは「Ctrl」「Shift」キーと組み合わせることで効果倍増！

ショートカットキーなどでマウスを使わず操作することは効率アップにつながりますが、そうはいっても、マウス操作は行います。このときも、右手１本でマウスを操作するのではなく、右手、左手の基本となるポジションがあるものです。

そのポジションが、**右手でマウス、左手で「Ctrl」「Shift」キー**ということ。

それは、マウスとショートカットキーの「合わせワザ」がいくつもあるからです。**マウスと「Ctrl」キーや「Shift」キーを組み合わせれば、いろいろなテクニックが使える**ようになるのです。それらについて、事項から具体的に紹介していきます。

マウスはもともと便利な道具ですが、「Ctrl」キー、「Shift」キーと組み合わせれば、その威力はさらに３倍、４倍となります。ただし、「Ctrl」キー、「Shift」キーを押すのに、いちいち画面から目を離し、キーボードを見てキーの場所を確認するのでは、その効果は半減します。キー入力もそうですが、**パソコンの画面から目を離すと、カーソルがどこにあるのか、マウスのポインターがどこにあるのかがわからなくなって、かえって効率が悪くなる**場合さえあるからです。そうならないよう、「Ctrl」キー、「Shift」キーは押したいときすぐ押せるようにしておくことが重要になってくる、というわけです。

そのための**基本ポジションが、キーボードの一番左下にある**

左手の小指はマウス操作中、「Ctrl」キーの上

Point
マウス操作中のショートカットキーがサッと繰り出せる

「Ctrl」キー。これに左手の小指を軽くのせます。そうすれば、「Shift」キーは、その上にあるキーですから、すぐ押せるはず。そのために、「Shift」キーは、他のキーよりも大きいと考えてよいくらいです。「Shift」キーは、小指をずらして押しても、小指を「Ctrl」キーにのせたまま薬指で押しても、どちらでもかまいません。サッと自分が押せる指で押す習慣をつけることが大切です。

「Ctrl」キー＋「C」でコピー、「Ctrl」キー＋「A」ですべて選択など、マウス操作中に、ショートカットキーを使うこともよくありますが、このポジションに左手があれば、**「Ctrl」キーの小指を軸に、素早く他のキーを目で確認することなく打てる**など、いいことづくめです。

最初と最後を指定して素早く範囲指定する

「Shift」キー＋方向キーで範囲指定をする弱点は、範囲指定が広い場合にはかえって時間がかかってしまうこと。

範囲指定の「Shift」キーと、「Ctrl」キー＋「Home」キー、「Ctrl」キー＋「End」キーなどの**一気にカーソルを移動させる操作を組み合わせたほうが得策**です。また、「PageUp」キー、「PageDown」キーを押せば、ほぼ1ページ分カーソルを移動できますから、これと「Shift」キーを組み合わせるのもいいでしょう。ただ、いきなり違うページにジャンプすると、今、どこにいるのかがわからなくなって、どこまで範囲指定してよいか迷ってしまうことがあるのが難点。現在地を把握するのに手間取り、かえって時間がかかることもあります。

こんなときは、やはりマウスの力を借りたほうが得策。と言っても、マウスをクリックしたまま動かして範囲指定しろというのではありません。マウスをクリックしながら、同時にホイールを回してスクロールできる器用な人はなかなかいないでしょうから、範囲指定が広い場合、スクロールに手間取ってしまうからです。

ここでご紹介するテクニックは、**範囲の最初と最後を指定する**というもの。

まず、範囲指定したい始点をクリックして、カーソルを移動。始点が近くにあるなら、方向キーで移動してもかまいません。

「始点」「終点」指定法で範囲指定を行う

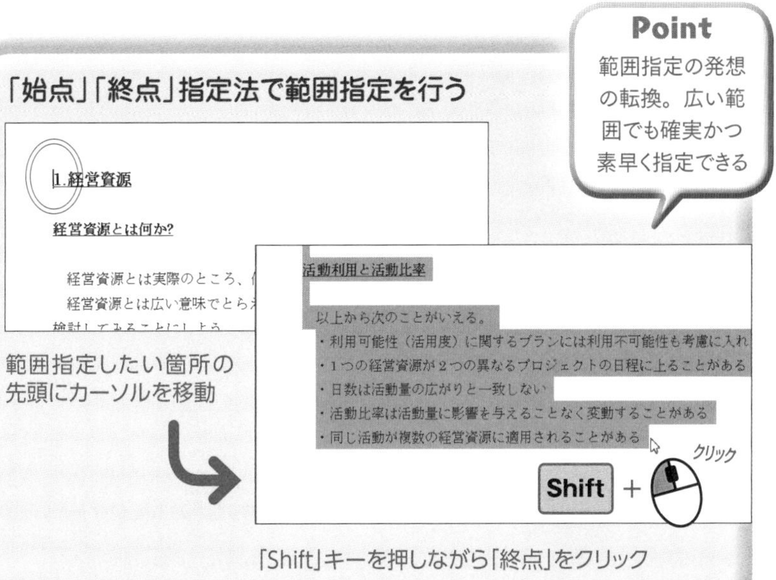

そして、マウスホイールでスクロールして、範囲指定の終点を画面に表示します。このとき、文書にざっと目を通しながら移動できるので、素早く終点が見つけられるのがミソです。

そうしたら、最後に、**「Shift」キーを押しながら、範囲指定の終点をクリック**。これで、**最初にカーソルのあった場所からクリックした場所までを一気に範囲指定できる**のです。この操作は逆もしかりで、文章を打ち終え、終点にカーソルがある状態から前にさかのぼって範囲指定することも可能。わざわざ最初に戻って、範囲指定を始める必要はありません。

マウスをクリックしたまま動かすのと違って、**操作のプロセスが明確に分かれている**ので、**確実かつスピーディーに作業を行うことができ、仕事がはかどる**のです。

「Ctrl」キー ＋ マウスホイールで拡大＆縮小自由自在

画面表示を一気に快適化するテクニックの中でも、特に**「すぐ使えて」「すぐ覚えられて」「すぐに役立つ」のが、「Ctrl」キー＋マウスホイール**です。

マウスホイールといえば、もっぱら画面をスクロールするための道具だと思っている人は多いのではないでしょうか。しかし、そうではありません。**「Ctrl」キーとの合わせワザにすれば、画面の表示倍率を自由に拡大＆縮小できる道具になる**のです。

例えば、ワードで作成中の文書を大きく表示したい場合。「Ctrl」キーを押しながらマウスホイールを向こう側へ回せば拡大、手前に回せば縮小できます。これにより、字が小さくて見にくい場合はもちろん、「今、1ページのうちどれくらいの分量を入力したのか」というページ内の文量のバランスを確認することもできます。縮小して2、3ページくらい後ろの次の見出しの次にカーソルを移動することだってできるので、文書作成が一気にはかどるようになるのです。エクセル、パワポも同様ですし、PDF文書の小さな文字を読みたい場合にもこの操作は使えます。

しかし、何といっても、この操作が大いに役立つのはWeb閲覧でしょう。たまに横幅がはみ出してしまい、切れた部分を見るのにページを横にスクロールしなければならないことがありますが、このテクニックを使えば、**ページの横幅が画面に収まるようにページを縮小**できます。しかも、この操作は、すべてのブラウ

「Ctrl」キーを押しながらマウスホイールを回す

Point
地図の拡大&縮小、画面の表示倍率の変更が思いのまま

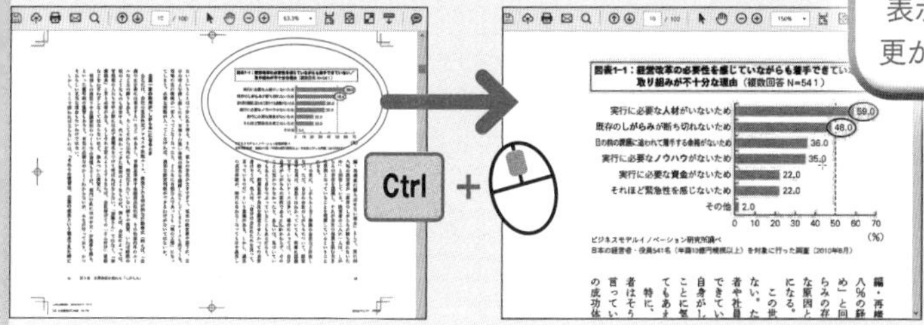

ウィンドウの上にポインター　→マウスホイールで表示倍率を変更

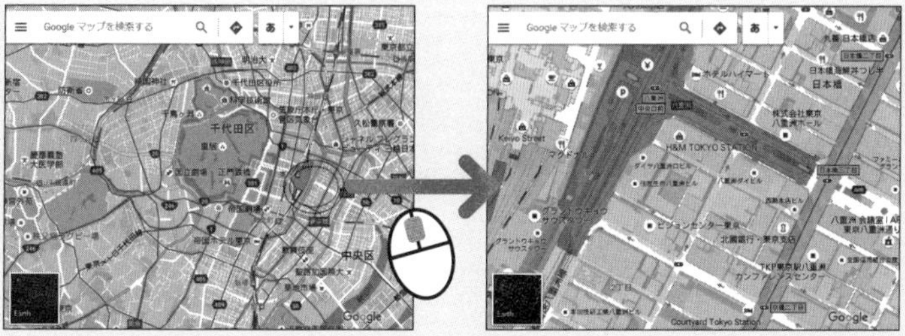

地図上にポインター　→地図の縮尺を変更するだけなので注意

ザに共通して使えます。

　ただし、この操作はWeb上の地図を見る場合には使えません。マウスのポインターが地図上にある場合、**マウスホイールを回せば、地図の縮尺の拡大&縮小**ができますね。「Ctrl」キー+マウスホイールでもまったく同じで、地図の縮尺の拡大&縮小になってしまいます。画面表示を拡大&縮小するには、地図以外の場所にポインターがなければなりません。

　とはいえ、地図は縮尺を変えるほうが圧倒的に多いので、それで不便を感じることもないでしょう。

Webのリンクを別のタブで開く最速ワザ

Webは、リンクをクリックするだけで見たい情報のあるページにジャンプでき、とても便利です。ただ、いくつかのサイトを比較する場合など、いちいち「元のページに戻る」をクリックして、画面に表示するページを切り替えるのは面倒だし、読み込みにも時間がかかります。こんな場合は、同時に複数のページを開いたままにしておくと便利――**最近のブラウザは、「タブ」を切り替えるだけで、画面に表示するページを切り替える機能が当たり前**になっています。

タブは、使う人はよく使いますが、使わない人はまったく使いません。使う人がよく使っているということは、それだけ便利ということ。大きな差がつくポイントなのです。

新しいタブを開き、いちいち検索して、リンクをクリックする――このイメージだとメリットが感じられないのも当然。これから紹介するテクニックを使わなければ、タブの威力は実感できません。それが、**リンクをクリックする際、「Ctrl」キーを押しておくと、別のタブでリンク先のページが開く**というもの。

つまり、タブとはゼロからページを開くのではなく、開いたページから、見たいページのリンク先を別に開き、見比べたり、元のページに簡単に戻れるのが一番の魅力なのです。

Webを見ていると、面白そうなニュース、仕事に役立ちそうな情報が目に飛び込んできます。気になってリンク先にジャンプ

「Ctrl」+ クリックで、別のタブでリンク先を開く

Point
Webのページ間の移動が速くなり、情報収集が加速

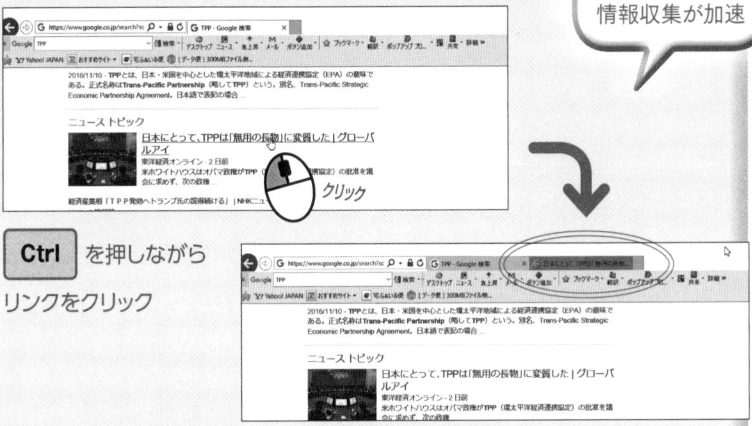

リンク先が別のタブで開く

すると、またさらに、気になる情報があって……とやっているうちに、元のページからどんどん離れていってしまいます。こんなときは別のタブでリンク先を開くのに限ります。

また、グーグルなどの検索結果は、リンクをクリックして欲しい情報にアクセスします。しかし、開いてみると期待した情報ではなかった、ということがしばしば。そのたび、検索結果に戻って、別のリンクをクリックするという操作を繰り返します。こんな場合、**検索結果は常に残しておいて、リンク先のページは別のタブで表示したほうが、はるかに合理的**でしょう。

タブを使えば、Webのページ間の移動が一気に効率化されます。それが、情報収集の速い人、遅い人の差を生むポイントなのだと心得ておくとよいでしょう。

文書管理の効率が上がる「移動＆コピー」術

ファイルをフォルダーに移動して整理する、という作業はみなさん日常的に行っていることでしょう。この場合、みなさんはどのような方法で行っているでしょうか。

一番多いのは、**ファイルをフォルダーにドラッグ**するやり方。手軽で簡単ですが、ドラッグする距離が長いと途中でクリックする指が離れてしまうせいか、ドラッグする途中にある関係のないフォルダーに移動してしまい、どこにいったかわからなくなることも少なくありません。

また、ファイルを別の場所にコピーする場合。USB メモリーなど別のドライブにコピーする場合は、ドラッグ＆ドロップでできますが、同じドライブ内ならただのファイルの移動です。こんな場合は、**「Ctrl」キーを押しながらドラッグ＆ドロップすると、同じドライブ内でもファイルの複製**ができます。

いよいよ本題。**ドラッグする距離が長い場合**はどうすれば、もっと速く確実にファイルの移動やコピーができるのか。

それが、コピペです。

コピーの「Ctrl」キー＋「C」、貼り付けの「Ctrl」キー＋「V」、切り取りの「Ctrl」キー＋「X」は、ファイルやフォルダーにも使えます。メールにファイルを添付する場合でも、作成中のメールに貼り付けを行えば添付できる――これらのことは、意外に盲点なのか知らない人、あるいはその場で思いつかず使っていない

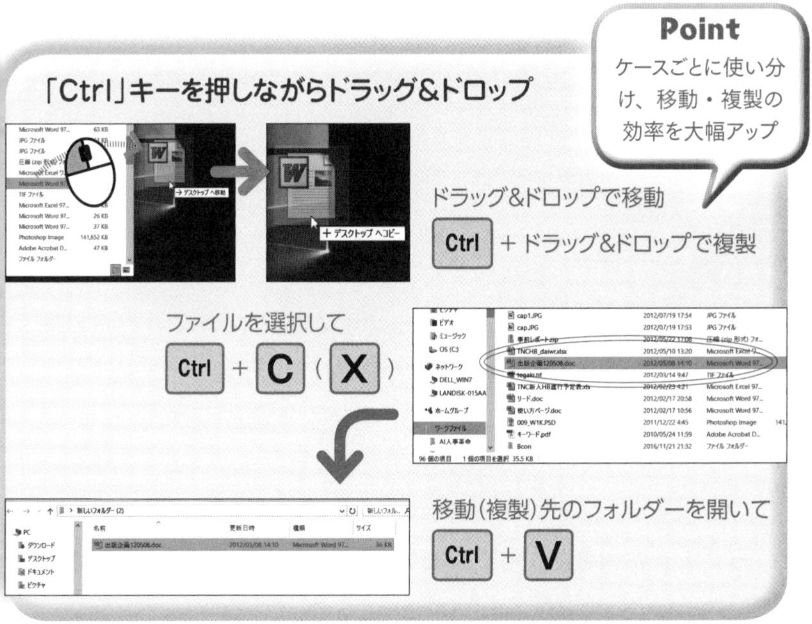

人が意外に多いようです。

まず、**ファイルを複製する場合なら、ファイルを選択してコピー、そして複製したい先のフォルダーを開いて貼り付け。**

次に、**ファイルを移動する場合なら、ファイルを選択して切り取り、そして移動したい先のフォルダーを開いて貼り付け。**

私自身は、ふだんデスクトップで作業しているときは、この操作は使いません。しかし、トラックパッドのタッチがクリックと間違われてしまうノートパソコンとなると話は別です。簡単にすませられるはずのファイルの移動・複製が、イライラするほどミスが多い——そこで、このコピペワザで行っていますが、コピー(切り取り)、貼り付けという作業が明確に分かれているため、ミスは激減。結果的に一番の早道でした。

複数の文書を同時選択すれば効率が上がる

複数のファイルを移動・複製するとき、まさか1つずつドラッグ&ドロップしている人はいませんよね。複数のファイルを**同時選択すれば、1回の操作でまとめて移動・複製**できます。

では、ファイルの同時選択は、どのようにしていますか。

フォルダーの中で、同時選択したいファイルがズラリと並んでいる場合は、おそらく問題ないはず。**「Shift」キーを押しながら「↓」キーを押すと下方向に、「↑」キーを押すと上方向に、ファイルの同時選択**ができます。

要は、文章の範囲指定と同じ。

フォルダー内のすべてのファイルというなら、「Ctrl」キー+「A」でいいし、「選択中のファイル以下、すべて」というなら「Shift」キーを押しながら「End」キーで一番下までジャンプすれば、その間のファイルがすべて選択できます。最初のファイルをクリックして選択し、最後のファイルを「Shift」キーを押しながらクリックする、という方法も使えます。

問題となるのは、同時選択したいファイルが飛び飛びにある場合でしょう。しかし、この場合も大丈夫。**「Ctrl」キーを押しながらクリック**すれば、飛び飛びのファイルでも同時選択することができるからです。こうやって、ファイルの同時選択をすれば、移動・複製のほか、名前の変更、削除など、さまざまな操作が一気に効率化します。

同時選択は、「Shift」キーと「Ctrl」キーが役に立つ

「Shift」キー＋「↓」「↑」キーでズラリと同時選択

Point
思い通りに同時選択できる。移動・複製などを一気に行える

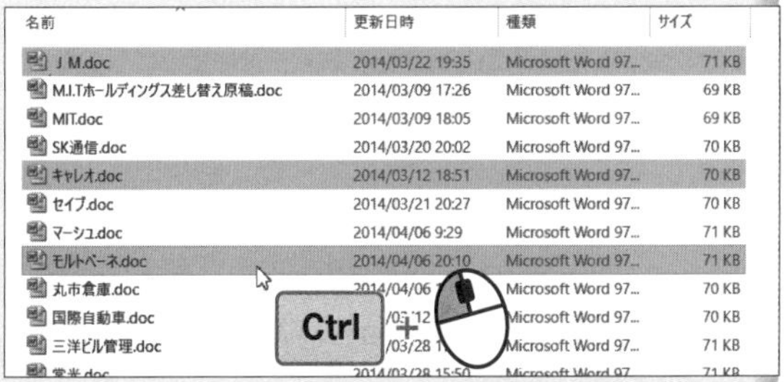

「Ctrl」キーで飛び飛びのファイルを同時選択

特に「Ctrl」キーの操作は、デスクトップ上のファイルを同時選択するのに有効。というのも、デスクトップ上のファイル、フォルダーは、縦方向、左から右へと増えていくくせに、何かファイルを選択して、「Shift」キー＋「↓」キーで同時選択しようとすると、横方向のファイルまで同時選択してしまうからです。結局のところ、マウスの力を借りなくてはなりませんが、**「Ctrl」キーを押しながらファイルをクリックしていけば、自由自在に同時選択ができる**、というわけです。

かしこい「オートフィル」の使い方

エクセルに、「オートフィル」という機能があることは、多くの人がご存じでしょう。セルの右下をマウスでクリックしたまま引っ張ると、同一データや連続データを入力できる、というものです。

ただ、ほとんどの人は、オートフィルの実力を十分に生かしきれていません。ここでは、3つのポイントに絞って、オートフィルの活用術を学んでいくことにします。

1つ目は、もともとのデータの入力です。これはオートフィル以前の豆知識ですが、例えば「4月1日」と入力したいとき、そのまま入力を行っていませんか。つまり、漢字変換がある分、入力に時間がかかってしまうということ。こんなときは、「4/1」と入力してみましょう。「Enter」キーで確定すれば、自動的に「4月1日」という表示に変えてくれます。

2つ目は、連続データの入力。例えば、1と入力してオートフィルを行うと、セルは、1、1、1……と、同じ数字になります。これを一番下のセル右下に現れる**「オートフィルオプション」をクリックし、「連続データ」を選ぶのはかなりの手間**です。こんなときは、1、2と**連続データを2つ入力してから、オートフィル**を行いましょう。すると、元が連続数字ですから、エクセルも連続数字のオートフィルをやりたいのだな、と察してくれます。「オートフィルオプション」をクリックしないでも、連続データ

オートフィルの「連続データ」は2つ入力してから

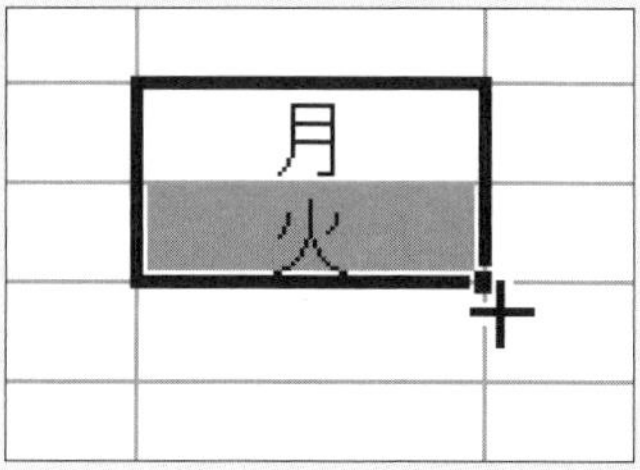

月、火と入力 → 範囲指定

Point
「オートフィルオプション」をクリックする手間が不要になる

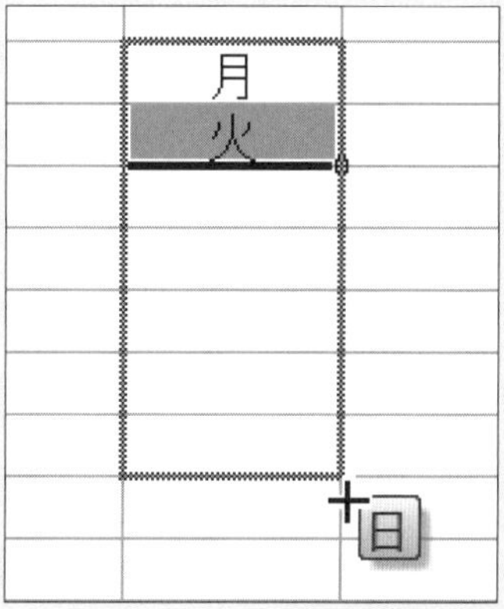

同一データでなく、最初から連続データになる

の入力ができてしまうのです。ちなみに、1、3と入力してオートフィルを行うと、入力される連続データは、1、3、5、7……となることも知っておいて損はないでしょう。

3つ目は、**連続データは素の数字に限らない**ということ。「営業1課」「営業2課」とやってオートフィルを行うと、「営業1課」「営業2課」「営業3課」……という連続データの入力ができるし、月、火と入力すると、月、火、水……という曜日の連続データの入力もできるのです。

並べ替え・複製は「Ctrl」「Shift」キー＋マウスで

エクセルで表を作成しているとき、入力したデータの順番を入れ替えたいことがよくあります。例えば、ToDoリストを作成していて、後で思い出した優先順位の高いToDoを、リストの上に移動したい、といった場合です。

こんなとき、みなさんはどうやっているでしょうか。

入力したい場所に行（列）またはセルを挿入し、そこにデータを切り取り＆貼り付け。後に残った空白の行、セルを削除といった、非常に面倒なことをしていませんか。

マウスのポインターを選択した行や、セルの外周部分に動かすと、ポインターが「✥」に変わり、この状態でドラッグして、行、セルを移動するというやり方もありますが、これだと移動先にあったデータが上書きされ、消えてしまいます。

そこでお勧めしたいテクニックが**「Shift」キー**。

「Shift」キーを押しながらこの操作を行うと、**行、セルの移動ができるのです。移動先のデータに上書きされることもなく、元あった場所に空白の行、セルが残ることもありません。**

もう1つ覚えておきたいテクニックが、**「Ctrl」キー**。これを押しながら行、セルをドラッグすると、ドラッグ先に元のデータが複製されます。**コピペが、視覚的な操作1回でできてしまう、**というわけです。

これら2つのテクニックは、**組み合わせて使うことも可能。**

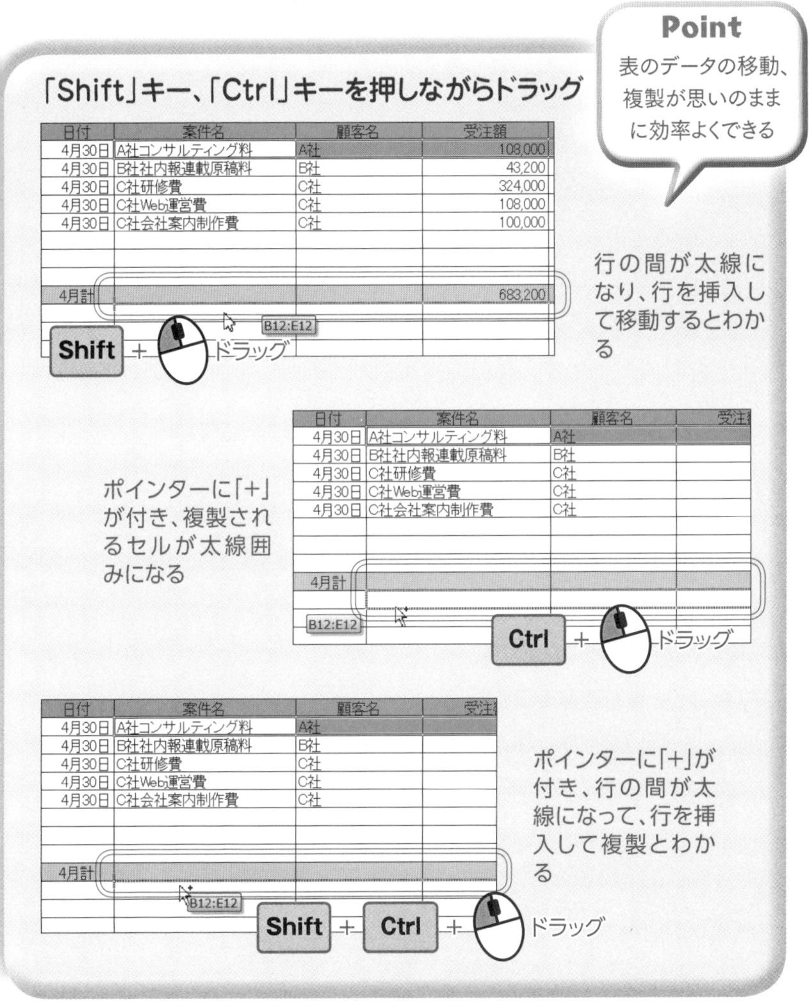

つまり、「Ctrl」キーと「Shift」キーを両方とも押しながら、データをドラッグすると、元の行、セルのデータはそのまま。ドラッグ先に空白の行、セルが自動的に挿入され、そこにドラッグしたデータが複製されます。

「最近開いた文書」を最速で開く

　フォルダーに収納したファイルを開く場合、いちいちフォルダーを開いてファイルをダブルクリックするのは面倒です。しかし、「最近開いたファイル」「よく開くファイル」なら、手っ取り早く、すぐにファイルを開ける方法があります。

　それが、タスクバーのアプリのアイコンの右クリック。

　これを行うと、最近開いたファイル、登録しておいたよく使うファイルが一覧で表示されます。これをクリックして選ぶだけです。

　よく使うファイルの登録の仕方は、ファイルをマウスでタスクバーにドラッグするだけ。どのアプリで開くファイルなのかはパソコンが判断してくれるので、アプリの小さなアイコンの上にドラッグするなどの、細かい操作は不要です。

Point
フォルダーをいちいち開いてファイルを表示する手間が不要

ファイルは「アプリのアイコンを右クリック」で開く

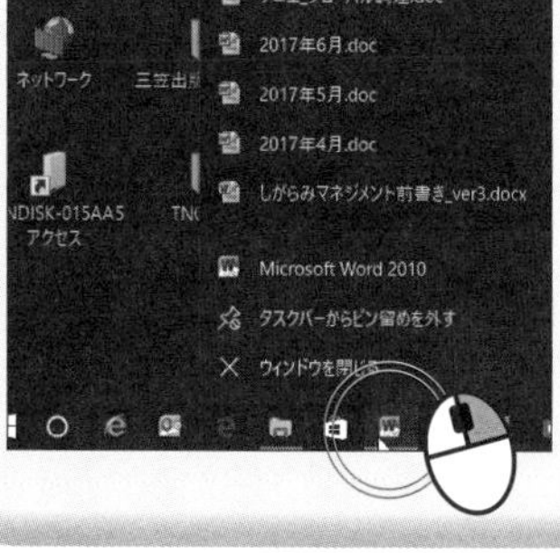

アイコンを右クリック
→ ファイルを選択

よく使うファイルはタスクバーにドラッグ

セルのはみ出しを皆無にするマウス術

エクセルで作成した表を印刷すると、画面上ではセルに収まっていた文字や数値が、隣のセルにはみ出したり、収まらない部分が切れてしまう、ということがよくあります。

この原因は、**印刷用の書体と画面表示用の書体が異なる**ため。「ギリギリ収まっているから、危ないな」という予感はあっても、実際**はみ出すかどうかは印刷しないとわかりません**。印刷してはみ出しをチェックし、修正するというのは、何とも時間と印刷費用のムダです。

こんなときは、**列の右側の境界線をマウスでダブルクリック**。これで、セルの幅は、セルの内容がきちんと収まるように自動調整されます。簡単で、それでいて間違いのない効率のいいテクニックなので、ぜひお試しください。

Point
セルの内容がきちんと収まるよう、幅を自動調整してくれる

列の右の境界線をダブルクリックする

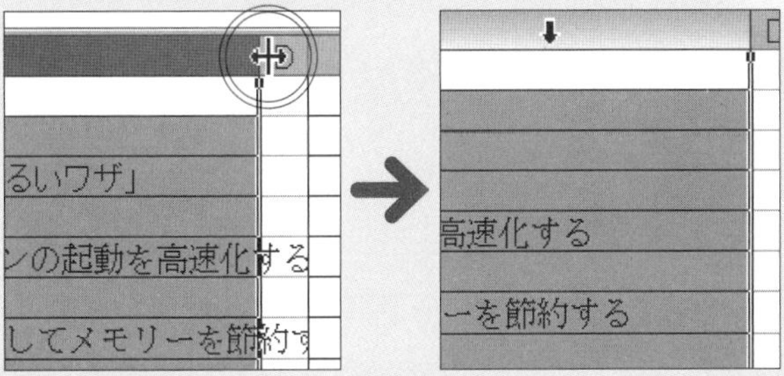

セルの幅を同じに揃える マウス術

比較表や成績一覧表を作成するとき、表をきれいに仕上げるコツは、**同列の項目は表の幅を同じにする**こと。

例えば、国語、数学、英語……の得点を表にしたとき、各科目の得点欄は同じ幅のほうが美しい。**きれいに揃っていないと、どこかだらしない**感じになってしまいます。

しかし、この列の幅を揃えるのが意外に難問。マウスでセルの幅を変更すると、幅の数値が表示されるもののうまく調整できないし、幅を揃えたい列を同時選択し、右クリックして「列の幅」を選んでも、数値を入力する方式なので、たいていの人は、いくつにすればよいのか、見当がつかないからです。

こんなときは、**幅を揃えたい列を同時選択し、どこでもよいから列の境界線をマウスでドラッグ**——すると、同時選択されたすべての列が、変更された同じ幅にきれいに揃い、整然としまりのある表に一変します。

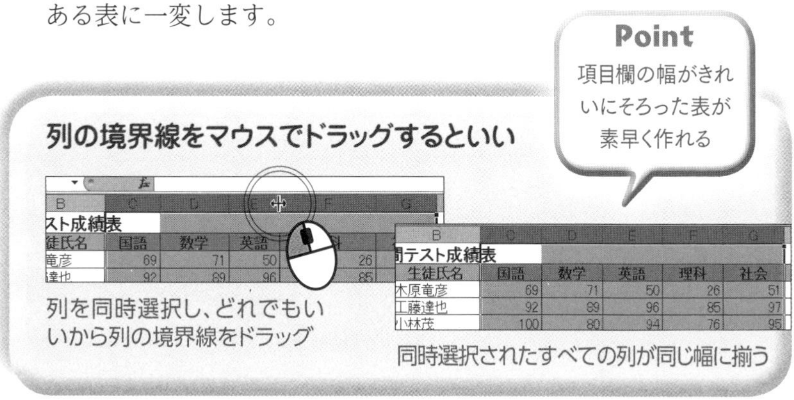

複数のコピー&貼り付けが一瞬で片づくマウス術

コピペは、ショートカットキーが基本ですが、例外があります。例えばAをコピペして、次にBをコピペし、またAをコピペするといったケース。**いちいちコピーのやり直しをして、貼り付け**を行わなければなりません。そういうケースに出くわし、面倒に思った人が少なくないのではないでしょうか。

こんなときは、マウスを使ってコピーするのがうまい手。エクセル、ワード、パワポのリボンには、**「ホーム」タブに「クリップボード」**があります。これをクリックすると、ウィンドウの左側に、**コピーしたものが一覧で表示される**ようになります。これを使えば、**選んでクリックするだけで、いろいろな種類のデータを選んでコピペできる**のです。

基本操作の1つですが、これを知らずに、いちいちコピーのやり直しをして、貼り付けを行っている人が少なくありません。範囲指定とコピーのやり直しという作業がカットされるので、周囲が驚くほどコピペの効率がアップします。

Point
いちいちコピーのやり直しをする必要がない

クリップボードを使えば複数のコピペが効率化

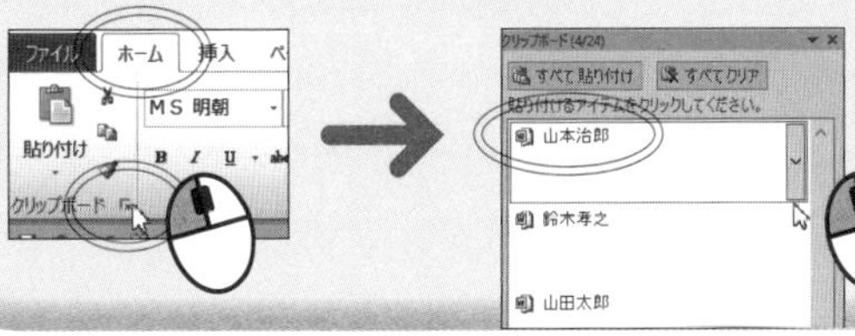

きれいな図形を素早く描くコツはマウス＋「Shift」

初めてパワポで文書を作成すると、出来上がったものがいかにも体裁の悪い文書に見えたのではないでしょうか。そのときの印象で、**「自分には、デザインのセンスがないから」とパワポ嫌いになってしまう人が少なくない**ようです。

しかし、デザインのセンスがないように思えた原因は、実はほんのささいなこと。それは、**パワポの自由度が高すぎるため、正方形や真円、水平線や垂直線といった「きれいな図形」を描くのが難しい**ということです。直線が少し傾いているとか、○が楕円になっているとか、いい加減そうに見える図形が、文書の印象を悪くしているものなのです。

マウスだけできれいな図形を描くのは、確かに難しいもの。しかし、「あるテクニック」を知っていれば、簡単に、素早くきれいな図形を描けるようになります。

「あるテクニック」とは、「Shift」キーです。図形を選んでマウスで描くとき、**「Shift」キーを押したままにしておくと、適当にマウスを動かしても、きれいな図形を描いてくれる**のです。

これは、すでに描いた図形を拡大・縮小するときにも応用がききます。パワポ（エクセル、ワードの描画機能も同じ）で、描いた図形を拡大・縮小するには、図形を選択したときに表示される「ハンドル」と言われる○をマウスでドラッグするだけです。しかし、普通にこの操作をやると、縦横比率が変わってしまうこと

「Shift」キーを押しながら、マウスをドラッグ

Point
見た目をたよりに描くより、速くて正確

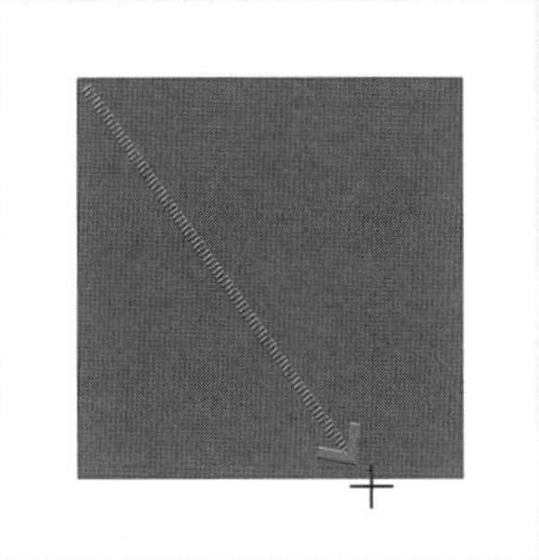

マウスを適当に動かしても、正方形や真円が簡単に描ける

左手で Shift 、右手の  をドラッグ

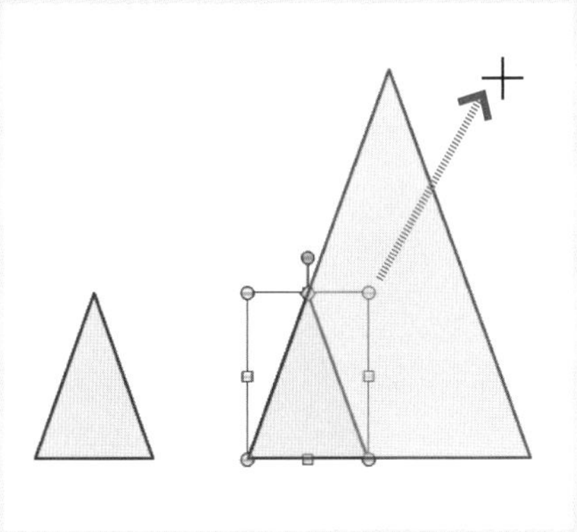

縦横比率を変えずに、図形を拡大・縮小

が少なくありません。しかし、ここで**「Shift」キーを押したままにしておけば、縦横比率を保ったまま拡大・縮小ができる**のです。

見た目をたよりに、きれいな図形を描こうとマウスを慎重に動かしている人をよく見かけますが、手作業では、どんなに正確にやろうとしても限界があります。何より、時間がかかって仕方がありません。こんな場合は、「Shift」キーと心得ること。たったこれだけで、きれいな図形が描けるようになり、**パッと見できれいな文書を素早く作成できる**というわけです。

おわりに

パソコンはめんどくさい……。

私に大きな転機が訪れようとしていました。血管が詰まって血が流れないようになってしまった、つまり、脳梗塞を発症してしまったのです。

これによって、「どうすればもっと効率よくパソコンが使えるようになるか」「どうすればもっと手間を省けるようになるか」を真剣に考えるようになりました。そして、その解答こそ本書だった、というわけなのです。

2018年1月6日、ウォーキングから帰って、パジャマに着替えようとすると、突然手がしびれて動かない。冗談のようですが、「あ、脳梗塞だ、まずいな……」と直感的に感じました。

しかし、1月6日というのは、三連休の始まりの日。後悔しか残っていないのですが、「連休があけたら、病院に行こう」と思ってしまったのです。そして1月9日（月）早朝、意識不明のところを家内の通報によって、救急車に緊急搬送されたのでした。

以来半年間――。

死んでもおかしくないと言われながら奇跡的に回復し、九死に一生を得たのですが、いいことばかりではありません。言葉のろれつが回らなくなったり、足やら手やらの動作がぎこちなかったりなど、あちこちに不具合が出てしまったのです。

特にパソコンの入力は致命的で、ほんの数ページ入力するのにも、それまでの何十倍も時間がかかるようになりました。これはショックでした。

就職や転職においても、パソコンは人材要件の１つ。エクセル、ワードくらいはできないと、雇ってもらえません。「脳梗塞を患いました」と言ったところで、パソコン能力の資格認定くらい受けてないと、「本当に大丈夫ですか？」ということになってしまうのです。見よう見まねでパソコンを操っていたのでは、少々複雑な処理を強いられると、とにかく面倒なことに感じられて、頭がウツになってしまうのです。キー操作一発ですますことのできる、いわゆる「ショートカットキー」を使いこなせないようでは……。

「パソコンの効率的な操作など、絶対に無理！」

これが脳梗塞直後の私が実感した「真理」でした。それゆえ、「どうすればもっと効率よくパソコンが使えるか」「どうすればもっと手間を省けるか」をより真剣に考えるようになったのです。

そんなリハビリ期間を２年近く続け、宝島社より本書の執筆の依頼をいただいてからいざ書き始めてみると、紹介したいテクニックがあれもこれもと出てきました。

10年以上前の『たった３秒のパソコン術』の執筆後、ネットの書評欄に、「知っているものばかりで、役に立たなかった」と酷評されたことがあります。

一方で、「自分はＳＥでショートカットキーはよく使っているほうだが、知らなかったものがけっこうあって、勉強になった」

とコメントされた方もいらっしゃいました。おそらく、後者の方の言葉が、本当のような気がします。

本書で紹介したテクニックの中には、「当たり前じゃないか」と思ったものもあったと思います。しかし、当たり前と思うことは、人それぞれ違います。そこが、テクニックの選定にあたって一番頭を痛めたところでした。

そこで、研修などで知らない人が多かったもの、教えてあげると非常に喜ばれたもの、驚かれたものを思い出しながら、役に立つ優先順位の高いものを選んでいきました。

実際、ショートカットキーなどの操作をすべて知っている人間など皆無のはずです。学校では教えてくれないし、すべてを網羅した体系書もありません。アプリやWindowsもアップデートを繰り返し、なくなった操作、新しくできた操作もあります。

前書きにも書きましたが、本書で紹介したテクニックをすべて実践する必要はありません。「これは役立ちそうだ」と気に入ったものから覚えていくだけで、十分効果があります。気楽に構え、少しずつテクニックを修得してもらえればよいのです。

それによって、心を豊かにする余暇の時間やご家族・お仲間などとの時間が増え、より豊かな人生を送られる方が一人でも多くいらっしゃれば、著者としてこんなに幸せなことはありません。

中山真敬

【著者プロフィール】
中山真敬（なかやま・まさたか）
1965年、兵庫県生まれ。89年、東京大学法学部卒業後、株式会社リクルート入社。同社退職後、フリーランスとして活躍。パソコン誌・ビジネス誌などの編集長を歴任した後、ユア・ブレーンズを設立。編集・出版活動のほか、経営コンサルティング、人材育成等を行っている。70万部超のベストセラー『たった3秒のパソコン術』（三笠書房　知的生きかた文庫）、『入社1年目のエクセル仕事術』（秀和システム）、『一瞬で片づく！ずるいパソコン仕事術』（宝島社）など著書多数。

装丁　小口翔平、岩永香穂、三沢稜（tobufune）
本文デザイン・DTP　オーパスワン・ラボ
編集　九内俊彦、荻田美加

マウス禁止！たった1秒のパソコン仕事術

2020年 2 月 3 日　第 1 刷発行
2020年11月20日　第 2 刷発行

著者　中山真敬

発行人　蓮見清一
発行所　株式会社 宝島社
〒102-8388　東京都千代田区一番町25番地
電話　営業：03-3234-4621
編集：03-3239-0928
https://tkj.jp

印刷・製本　株式会社光邦

ISBN 978-4-299-00155-9